ABITUR-WISSEN ERDKUNDE

Ertel • Griehl
Neumann • Theißen

Die USA

STARK

Der Verlag hat sich bemüht, die Urheber der in diesem Werk abgedruckten Texte und Abbildungen ausfindig zu machen. Wo dies nicht gelungen ist, bitten wir diese, sich ggf. an den Verlag zu wenden.

ISBN 3-89449-424-7

D-85318 Freising · Postfach 1852 · Tel. (0 81 61) 1790
4. aktualisierte Auflage 2007

Inhalt

Fortsetzung siehe nächste Seite

Fortsetzung siehe nächste Seite

Vorwort

Liebe Schülerinnen und Schüler,

die Vereinigten Staaten von Amerika erwirtschaften nicht nur das weltweit höchste Bruttoinlandsprodukt; der *„American Way of Life"* hat auch Gesellschaft und Kultur vieler Länder nachhaltig beeinflusst.

Der vorliegende Band aus der Reihe *Abitur-Wissen Erdkunde* stellt die Grundzüge der räumlichen, ökonomischen und gesellschaftlichen Verhältnisse der USA dar. Um die amerikanische Denkweise und den globalen Anspruch des Landes verstehen zu können, ist die Kenntnis wesentlicher Grundzüge des **Naturraums** wie auch der **historischen Entwicklung** unerlässlich. Erst dann lassen sich die Strukturen der freien Marktwirtschaft erklären, die in vielen Bereichen der **Agrarwirtschaft** wie auch der **Gesamtwirtschaft** zur Vorrangstellung der USA geführt haben. Im Zeitalter der Globalisierung wird zudem erkennbar, wie politische und wirtschaftliche Aktivitäten eines Landes sich auf andere Staaten auswirken können und in welchem Maße die **Weltwirtschaft** von der Welthandelsmacht USA abhängig ist.

Aus diesem historischen Kontext heraus ist auch die amerikanische **Stadt** zu verstehen, die mit ihren Wolkenkratzern, ihren großzügigen Villenvororten und den auf die Nutzung des Autos ausgelegten Verkehrsadern so anders ist als die europäische Stadt. Es zeigen sich auch die Probleme und Chancen einer **multikulturellen Gesellschaft**, die sich aus Völkergruppen verschiedener Kontinente zusammensetzt. Schließlich widmet sich ein Kapitel dem Gedanken des **Umweltschutzes** und ausgewählter **Raumordnungsprojekte**.

Wir hoffen, Ihnen mit diesem Band einen vertieften Einblick in das „Land der unbegrenzten Möglichkeiten" geben zu können. Literaturhinweise, Internetadressen und ein Stichwortkatalog erleichtern Ihnen zudem das selbstständige Wiederholen.

Wir wünschen Ihnen viel Erfolg bei der Arbeit mit diesem Buch!

H.-Ch. Ertel   U. Griehl   J. Neumann   Dr. U. Theißen

Strukturen im Naturraum

1 Größe und Lage des Staatsgebietes

Die USA bilden das Zentrum des **nordamerikanischen Kontinents**, zu dem im Norden Kanada, im Süden Mexiko bis zum Golf von Tehuantepec zählen. Der Kernraum der USA verfügt weitab von Europa (5 000 km), Afrika (6 000 km) und Asien (8 000 km) über eine verkehrsgeografisch geschützte Lage. Da auch von **Südamerika** keine militärpolitische Gefahr ausging, konnten sich die USA in den vergangenen 200 Jahren relativ ungestört entwickeln. Insgesamt öffnet die Lage an drei Meeren (Pazifik, Atlantik, Golf von Mexiko) den Kontinent in alle Richtungen. Eine Ausnahme bildet das **Nordpolarmeer**, das aufgrund klimatischer Verhältnisse eine Barriere darstellt – die sogenannte **Nordwest-Passage** ist nur wenige Monate des Jahres befahrbar.

Die Vereinigten Staaten, ihre Außenbesitzungen und ihre Lage in der Welt

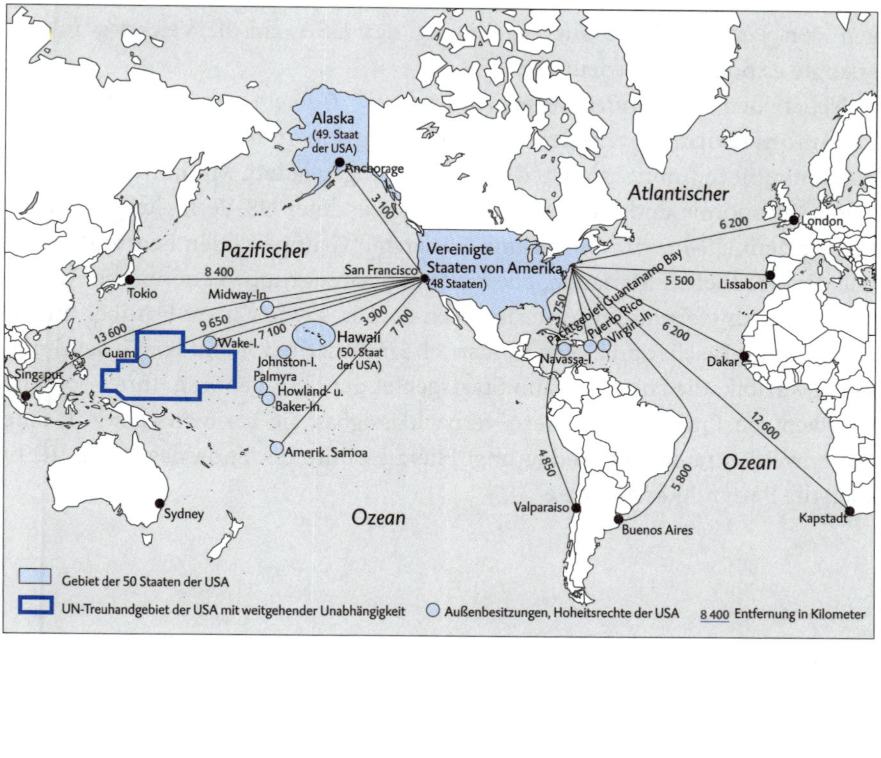

Mit 9,8 Mio. km^2 nehmen die USA fast die Fläche Europas (ohne Russland) ein und sind hinter der russischen Konföderation und Kanada das drittgrößte Land der Erde. Allerdings entspricht diese Fläche nur 6,8 % der globalen Landmasse. Das zusammenhängende Staatsgebiet erstreckt sich über 24 Breitengrade von 25° N bis 49° N und über 58 Längengrade von 67° W bis 125° W. Nimmt man Alaska hinzu, werden sogar 71° N bzw. 168° W erreicht. Vergleicht man die Lage mit Europa, dann liegt New York auf gleicher Breite mit Rom sowie San Francisco mit Athen; der 49. Breitengrad verläuft in Deutschland durch Karlsruhe. Da die maximale Ausdehnung (ohne Alaska und Hawaii) in Nord-Süd-Richtung ca. 2 300 km und in West-Ost-Richtung ca. 4 000 km erreicht, hat der Kernraum Anteil an vier Zeitzonen.

Als 49. und 50. Bundesstaat gehören Alaska (1958) und Hawaii (1959) zum Staatsgebiet der USA. **Alaska** ist mit über 1,7 Mio. km^2 der flächenmäßig größte Bundesstaat, hat aber mit rund 500 000 Einwohnern die zweitgeringste Einwohnerzahl aller Staaten. Seine Sonderstellung ergibt sich aus der großen Entfernung von über 1 000 km zum US-amerikanischen Kerngebiet. Über die **Beringstraße** sind es bis zum russischen Staatsgebiet nur 90 km, sodass Alaska ein militärisches Risikogebiet darstellt.
Hawaii, seit 1959 der 50. Bundesstaat der USA, liegt über 4 500 km südwestlich von San Francisco im nördlichen Pazifik und besteht aus acht bewohnten und zwölf unbewohnten Inseln. Als 1941 die Bombardierung der Hafenanlagen von Pearl Harbour zur Beteiligung der USA am II. Weltkrieg führte, erlangte es politische Bedeutung.

Neben den 50 Bundesstaaten sind weitere Gebiete an die USA als **US-Commonwealth Territories** (self-governing incorporated territories) bzw. **Außengebiete** (unincorporated territories) angegliedert. Mit individuell geregelter Autonomie und unterschiedlich angewendeter US-Verfassung unterstehen sie dem US-Innenministerium. Zur ersten Gruppe zählen Puerto Rico sowie die Nördlichen Marianen, zur zweiten Staatengruppe gehören die Amerikanischen Jungferninseln, Amerikanisch-Samoa sowie Guam. Darüber hinaus gibt es einige Inseln und kleine Landstriche im Pazifik (z. B. Midwayinseln) und in der Karibik, die ebenfalls zum Staatsgebiet der USA gehören. Ihre Größe ist mit wenigen Quadratkilometern vernachlässigbar, sie besitzen aber z. T. eine hohe militärstrategische Bedeutung. Hierzu zählte bis Ende des Jahres 1999 auch die **Panamakanal-Zone**.

2 Naturfaktoren

Menschliches Handeln ist in hohem Maße durch **physiogeografische Gunst-** bzw. **Ungunstfaktoren** bestimmt, wenn auch durch technischen Fortschritt und wissenschaftliche Entwicklungen die Grenzen des Lebensraums verschoben werden und so Gebiete der **Anökumene**, also naturgegebene Risikobereiche, für menschliche Aktivitäten an Bedeutung gewinnen. Jedoch prägte nicht nur in der Vergangenheit, als naturräumliche Barrieren immer wieder unüberwindbare Hindernisse darstellten, das **Raumpotenzial** in hohem Maße die Nutzung. Wirtschaftsräume, soziokulturelle Verflechtungen wie auch urbane Entwicklungen sind ohne Kenntnis raumprägender **Naturfaktoren** nur schwer nachzuvollziehen.

2.1 Geologie und Oberflächenformen

Nordamerika und damit das Staatsgebiet der USA zeigt eine klare, durch das Relief bestimmte **orografische** Gliederung. In meridionaler Anordnung verlaufen im Westen ein Hoch- sowie im Osten ein Mittelgebirge, dazwischen dehnen sich weite Ebenen aus.

Die Gebirgssysteme der USA

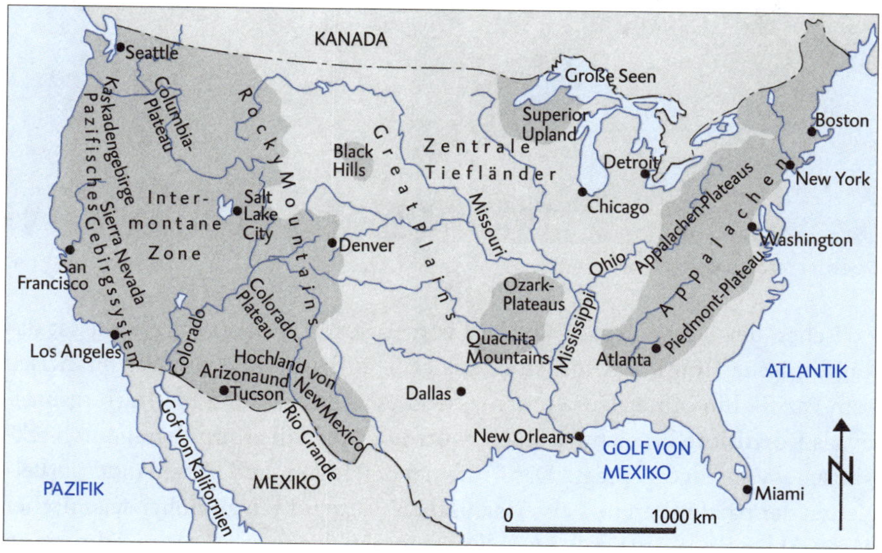

Das Hochgebirge im Westen entstammt der **alpidischen Gebirgsbildungsphase** des Tertiärs (vor ca. 100–2 Mio. Jahren), ist Teil des **zirkumpazifischen Faltengebirgsgürtels** und nimmt mit einer Breite von bis zu 1 500 km fast ein Drittel der Gesamtfläche der USA ein. Die **Rocky Mountains** und die **Sierra Nevada** bilden die wesentlichen Gebirgsstränge. Hier werden die größten Erhebungen mit bis zu 4 500 m über NN erreicht. Zwischen diesen Hauptgebirgszügen erstrecken sich Becken- und Plateau-Landschaften. Dazu gehört das **Große Becken**, eine abflusslose, wüstenähnliche Ebene mit Salzseen. Das **Columbia-Plateau** wird von einer in einzelne Schollen zerbrochenen Lavadecke gebildet. Eine starke Gliederung des Reliefs zeigt sich in der Canyonbildung des **Colorado-Plateaus**. Mit einer Höhenlage von 86 m unter NN wird im Tal des Todes an der Grenze zu Mexiko der tiefste Punkt erreicht.

Geysir im Yellowstone-Nationalpark

Zwischen der Sierra Nevada und der vorgelagerten Küstengebirgskette ist das Kalifornische Längstal eingebettet, das sich in der Region um San Francisco zum Pazifik hin öffnet. Zusammenfassend wird das gesamte Hochgebirgsmassiv als **Kordillere** bezeichnet. Auch heute noch sind die Kordilleren durch tektonische Vorgänge geprägt. Das Aufeinandertreffen und Aneinandervorbeigleiten der pazifischen und amerikanischen Platte führen zu hoher seismischer Aktivität. So finden sich z. B. im Yellowstone-Nationalpark Geysire, Fumarolen und Schlammvulkane, das **Kaskadengebirge** weist zahlreiche aktive Vulkane (z. B. Mt. St. Helens) auf.

Monument Valley, Arizona

Der Ursprung der **Appalachen** im Osten, einem 3 000 km langen, küstenparallelen Gebirgszug, reicht bis in das Erdaltertum zurück und ist in seinem Nordteil der **kaledonischen** (vor 500–440 Mio. Jahren) und im Südteil der **variskischen** (vor 350–280 Mio. Jahren) **Gebirgsbildungsphase** zuzuordnen. Das ursprüngliche Gebirge ist heute bereits weitgehend abgetragen. Es haben sich im Laufe der Zeit **Schichtstufen** gebildet, die zusammen mit alten, eingeebneten **Rumpfflächen** und geologisch jungen Längstälern der Landschaft ihr Gesicht verleihen. Der nördliche Teil der Appalachen ist durch die **Hudson-Mohawk-Furche** vom Südteil abgegrenzt.

Der südliche Teil der Appalachen besteht aus mehreren Hauptlinien. Der **Piedmont**, eine wellige Fastebene, gehört mit seinem kristallinen Untergrund geologisch zum Faltengebirge, morphologisch aber bereits zur Küstenebene. An seinem Übergang zur Atlantischen Küstenebene, der sogenannten **Fall-Linie**, befinden sich zahlreiche Wasserfälle und Stromschnellen, die den Wechsel von widerstandsfähigem Gestein zu den weicheren Formationen der Küste dokumentieren. Nach Westen zu folgt die markante Höhenstufe des **Blue Ridge** und bildet den aufgeschobenen Ostrand der Appalachen. Ihm schließt sich die Ridge-Provinz an, die aus mehreren parallelen Tälern und Schichtkämmen von über 2 000 m Höhe besteht. Nur wenige Durchbruchstäler ermöglichen einen Übergang in west-östlicher Richtung. Das **Appalachen-Plateau** senkt sich dann von über 1 000 m im Osten auf ca. 300 m im Westen, wo der Übergang zu den Inneren Ebenen erfolgt. Schließlich bilden bis zu 550 m hohe Einzelberge das **Ozark-Plateau**. Sie sind Reste von Gesteinen aus dem Kambrium und Ordovizium, die im Tertiär gehoben und zertalt wurden.

Die **Inneren Ebenen** folgen dem in Nord-Süd-Richtung angeordneten Großrelief Nordamerikas. Die bis zu 700 km breiten **Prärien** und **Great Plains** im westlichen Teil steigen von 300 m auf 1 600 m am Gebirgsfuß der Rocky Mountains an. Weite Plateaulandschaften mit einzelnen Schichtstufen sind charakteristisch. Erodierte und von Flüssen stark zerschnittene Flächen kommen in jenen Regionen häufig vor, wo tertiäres und kreidezeitliches Material vorherrscht. Nach Osten schließt sich das **Zentrale Tiefland** (Central Plains) an. Die Großen Seen selbst sind wie die gesamte Region glazialen Ursprungs. Vier Eiszeiten, die in ihrer maximalen Ausdehnung bis zur Linie Ohio-Missouri reichten, schürften zahlreiche Zungenbeckenseen aus; Moränen und Sander prägen das heutige Landschaftsbild. Im Bereich des Oberen Sees reicht noch ein Zipfel des **Kanadischen Schildes** in das Gebiet der USA hinein. Hierbei handelt es sich um den ältesten Kern (Kraton) des Kontinents – ein aus archaischen Gesteinen aufgebautes Hügelland, das sich bis in die Gegenwart als Rumpffläche erhalten hat. Sein Ursprung lässt sich bis zu 2,5 Mrd. Jahre zurückverfolgen und ist somit einer der ältesten Festlandkerne der Erde.

Die **Küstenebenen** am Golf von Mexiko sowie am Atlantik sind überwiegend marinen Ursprungs und im Quartär entstanden. So ist eine Ausgleichsküste mit Nehrungen und Haffs kennzeichnend, landeinwärts geht sie oftmals in Sumpfgebiete über.

2.2 Klimatische Gegebenheiten

Das Klima der USA wird stark von der meridionalen Anordnung der Großlandschaften sowie der Breitenlage geprägt. Es lassen sich vier große klimatische Teilräume unterscheiden: Die Osthälfte ist humid, die Westhälfte arid; die Grenze zwischen kühl- und warmgemäßigtem Klima verläuft etwa entlang des 40. Breitengrades. Bei differenzierterer Betrachtungsweise lassen sich weitere regionale Abstufungen vornehmen (Klimaklassifikationen nach Köppen/Geiger in Klammern).

- Der Osten jenseits von ca. 110° westlicher Länge ist größtenteils dem warmgemäßigten, immerfeuchten Klima zuzuordnen (Cf).
- Der äußerste Süden Floridas liegt im Bereich des tropischen Klimas (Aw).
- Die Hochgebirgsregionen der Kordilleren weisen überwiegend ein trockenes Steppen- bzw. Wüstenklima (BS/BW), die höchsten Erhebungen ein Schneeklima (Df) auf.

• Am pazifischen Küstenrand dominiert im nördlichen Bereich ein sommertrockenes, warmgemäßigtes Klima (Cs), das nach Süden in ein Steppenklima (BS) übergeht.

Die Klimazonen der USA

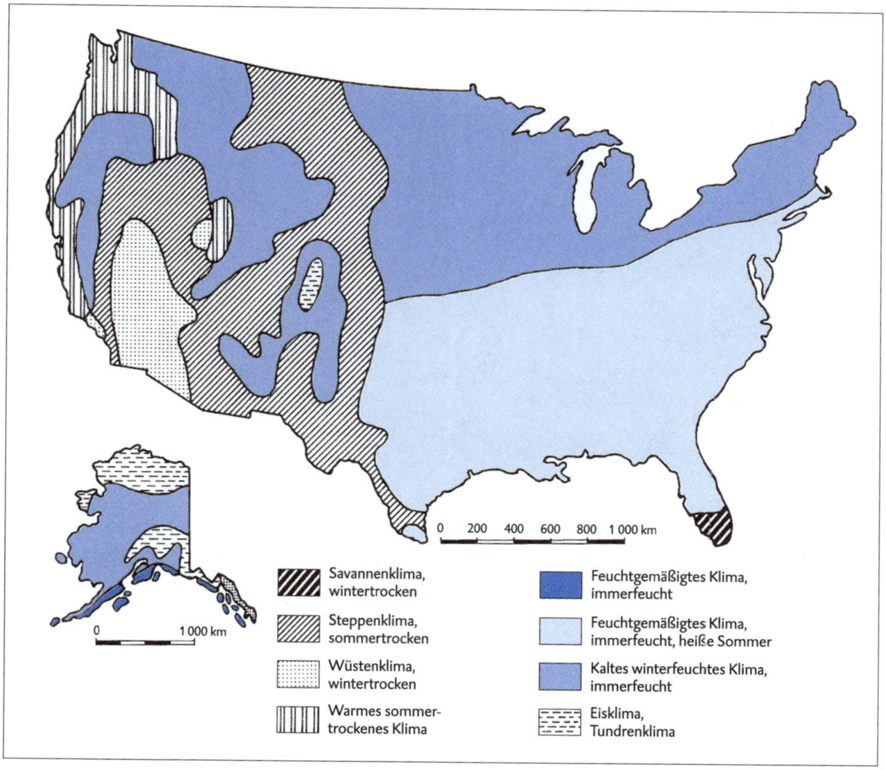

Der größte Teil der USA liegt im Bereich der **Westwindzone.** Die Kordilleren als große Barriere auf dieser Zugbahn von Tief- und Hochdruckgebieten bewirken, dass am nordwestlichen, pazifischen Abhang hohe Niederschläge in Form von **Steigungsregen** auftreten. Sie betragen über 2 000 mm pro Jahr und fallen vorwiegend im Herbst und Winter. Die **Leelagen,** das sind die Becken und Plateau-Landschaften innerhalb des Hochgebirges sowie die Great Plains, sind dagegen ausgesprochen niederschlagsarm. Die **Trockengrenze** mit ca. 500 mm Niederschlag pro Jahr liegt um den 100. Längengrad, der in den USA von North Dakota bis nach Texas verläuft. Die jährliche Schwankungsbreite der Trockengrenze beträgt mehrere 100 km. Weiter nach Osten aus dem Gebirgsschatten heraus nimmt die Humidität wieder zu.

Jährliche Niederschlagsmengen in den USA

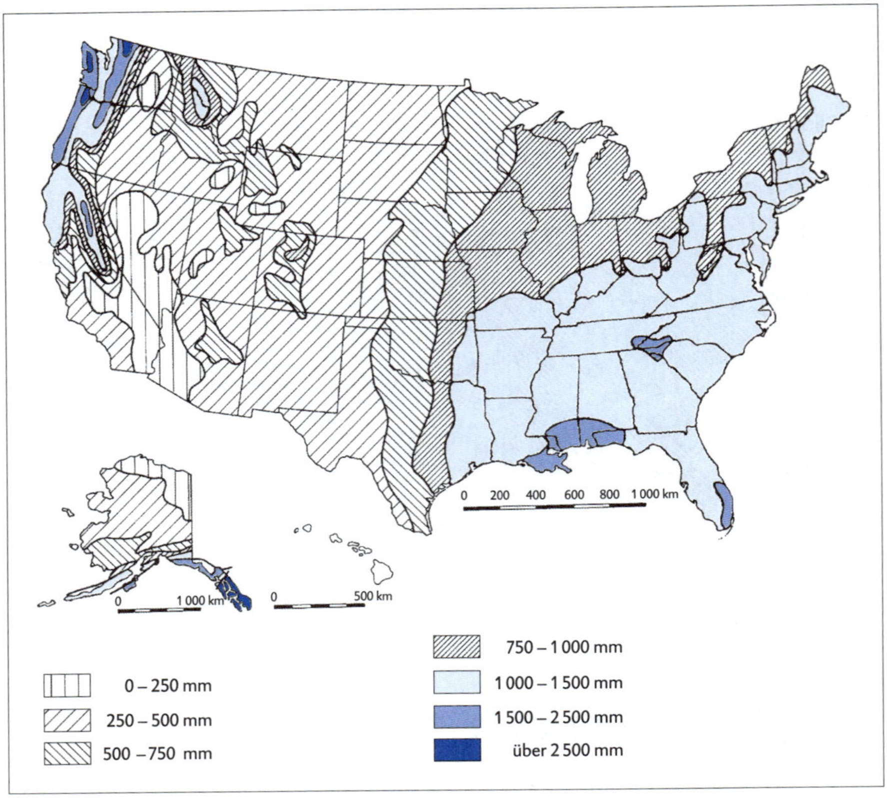

Ein weiteres, das Klima gestaltende Element ist die **Lage zu den Meeren.** So ist der Osten aufgrund der Nähe zum Atlantik sowie zum warmen Golfstrom durch höhere Temperaturen und erhöhte Niederschlagstätigkeit gekennzeichnet. An der Westküste hingegen führt der aus nördlichen Breiten südwärts gerichtete **Kaliforniastrom** zur Bildung von Trockengebieten und Wüsten im südlichen Kalifornien. Insgesamt nimmt die Niederschlagsvariabilität von Nordosten nach Südwesten zu. Hier erreichen die Abweichungen vom Jahresmittelwert deutlich über 30 %, von Jahr zu Jahr kann also mehr als ein Drittel zu viel oder zu wenig Niederschlag fallen.

Die **Temperaturzonen** verlaufen – bis auf die Hochgebirgsregionen – größtenteils breitenkreisparallel, wobei auch hier eine Differenzierung in **maritime** und **kontinentale** Einflüsse erfolgt. Die durchschnittlichen Wintertemperaturen reichen von –15 °C im nördlichen Zentralen Tiefland bis zu +15 °C in Florida. Ähnlich deutlich sind die Gegensätze im Sommer zwischen dem zyklonal, durch Tiefdruckgebiete der Westwindzone geprägten Nordwesten mit 15 °C und der südlichen Küstenebene mit bis zu 30 °C. Auch die Anzahl der Frosttage folgt dem großgekammerten Klimamuster. Sie reicht von unter 10 Tagen in der südlichen Golfregion und in Kalifornien bis zu mehr als 200 Tagen in den nördlichen, kontinental geprägten Inneren Ebenen sowie in den Hochgebirgen. Auch im unmittelbaren pazifiknahen Küstenbereich beträgt die Anzahl der Frosttage deutlich unter 30.

Aus der meridionalen Anordnung des Reliefs ergibt sich ein ungestörter Austausch von polaren und subtropischen Luftmassen, der mitunter zu katastrophalen Wettererscheinungen führt.

2.3 Gewässer

Der Atlantik, der Pazifik sowie der Golf von Mexiko entwässern das Gebiet der USA. Das **Atlantische Entwässerungssystem** ist vergleichsweise klein. Die **Wasserscheide** verläuft entlang der Appalachen. Die aus dem Gebirgszug herausführenden Flüsse wie z. B. der Hudson River bilden an ihren Oberläufen oftmals Stromschnellen und unzugängliche Canyons. In die ostwärts orientierte Entwässerung eingebunden sind auch die Großen Seen, die über den St. Lorenz-Strom in den Nordatlantik abfließen. Deren Einzugsbereich ist aber vorwiegend auf Kanada ausgerichtet. Nachteilig wirkt sich das Zufrieren der Großen Seen im Winter aus.

Die Wasserscheide des **Pazifischen Entwässerungssystems** folgt im Wesentlichen den Rocky Mountains. Allerdings haben nur der Columbia River im Nordosten und der Colorado im Süden größere Bedeutung. Ganz ohne Abfluss ist das Große Becken.

Nahezu das ganze Land zwischen den nördlichen Plains und den Appalachen gehört zum Einzugsgebiet des Mississippi River. Nördlich von St. Louis mündet der Missouri River ein. Da dieser länger ist, ein größeres Einzugsgebiet, aber eine niedrigere Wasserführung hat, wird das gesamte **Stromsystem Mississippi-Missouri** genannt. Auf seinem Weg in den Golf von Mexiko ist der Unterlauf sehr gefällsarm, sodass sich ein typischer Dammfluss herausgebildet hat. Der meridionalen Anordnung der Großlandschaften folgend verläuft der Mississippi in Nord-Süd-Richtung und stellt somit ein weiteres natürliches Hindernis in west-östlicher Erschließungsrichtung dar.

2.4 Der Boden als natürliche Voraussetzung

Entsprechend der klimatischen und vegetationsgeografischen Gegebenheiten finden sich auch im Bodenaufbau großräumige Strukturen mit regionaler Differenzierung wieder.

Im Osten bis ca. 100° westlicher Länge dominieren **Waldböden**. Dabei herrschen im Bereich der Großen Seen sowie in den Neuengland-Staaten Podsole vor. Südlich schließen sich Braunerden und Parabraunerden an, in den Appalachen entsprechende **Gebirgsböden**. Mit Überschreiten des 40. Breitengrades gehen die Böden in humusarme, rote und gelbe Podsole über. In den küstennahen Bereichen des Atlantik und des Golfes von Mexiko überwiegen **Alluvialböden,** also Schwemmlandböden mit einem Schichtaufbau, starker Grundwasserbeeinflussung und Nährstoffreichtum.

Im zentralen Bereich der USA dominieren **Schwarzerden** (im Bereich der Langgras-Steppe), Braunerden und kastanienfarbige Böden (im Bereich der Great Plains). Im östlichen Teil des Gebirgslandes überwiegen steinige Gebirgsböden. Daneben haben sich vor allem in den nördlichen Kordilleren Parabraunerden, in der Sierra Nevada **Roterden** entwickelt. Die intramontanen Becken sind durch **Salz-** und **Wüstenböden** charakterisiert.

Bodenerosion in den USA

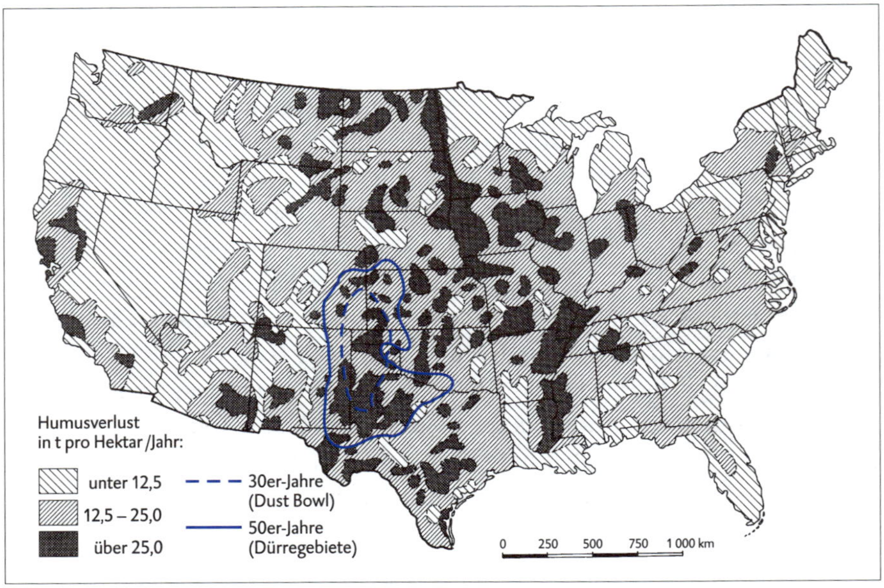

Insgesamt überwiegt deutlich der Anteil ertragreicher Böden. Allerdings sind weite Teile des Landes **erosionsgefährdet**. Wind und Wasser können aufgrund der orografischen Verhältnisse den Boden angreifen, sodass die Bodenschicht nach dem Entfernen der natürlichen Vegetationsdecke großflächig verweht oder abgespült wurde.

2.5 Natürliche Vegetationszonen

Die natürliche Vegetation ohne Berücksichtigung des anthropogenen Einflusses folgt der Klimazonierung, der Höhenlage und der Bodenausstattung. Etwa östlich des 100. Längengrades dominiert ein sommergrüner Wald, der sich in einzelne, breitenparallel angeordnete Vegetationsbänder gliedert. Im Nordosten sowie im Bereich der Großen Seen herrscht Mischwald (Rotkiefer, Ahorn, Rotbuche) vor. Südlich schließt sich breitenparallel eine Zone mit Laubwald (Eiche) an, auf den die südliche Mischwaldzone mit Eichen und Kiefern folgt. Pinien und Sumpfzypressen bilden den subtropischen Nadelwald in Florida.

Westlich des 100. Längengrades geht mit dem verringerten Niederschlagsangebot die Waldlandschaft in eine **Steppe** über.

Ökologisches Profil durch die nordamerikanische Steppe

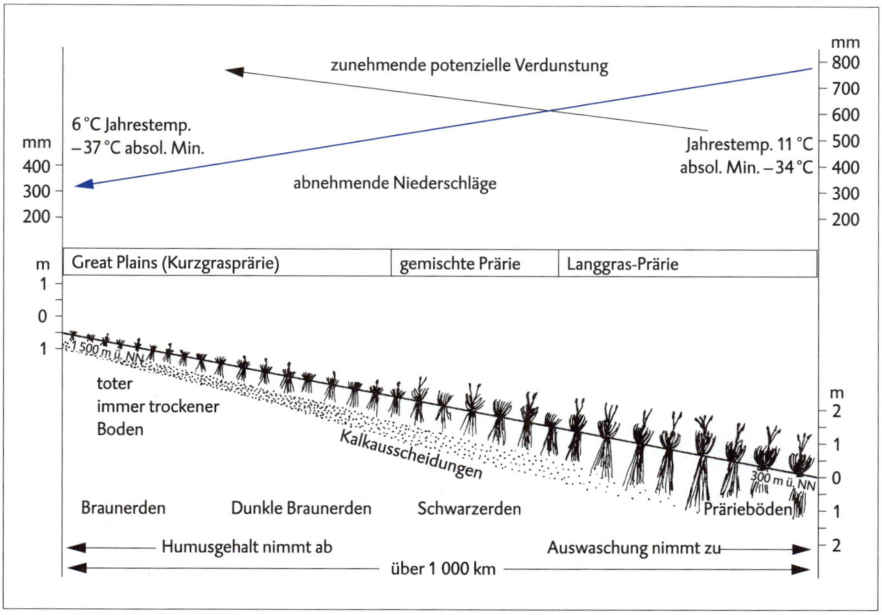

Zunächst findet sich eine **Langgras-Steppe**, die von einzelnen Baumgruppen und Galeriewäldern durchsetzt ist. Sie wird, der Namensgebung durch die französischen Kolonisten folgend, als **Prärie** bezeichnet. Nach Westen geht sie in die **Kurzgras-Steppe** über, diese reicht bis zum Gebirgsfuß der Rocky Mountains.

In den nördlichen Kordilleren dominieren Nadelhölzer wie die Douglastanne und Sitkafichte. Die **Büschelgras-Steppe** mit Gras- und Dornbusch-Vegetation herrscht in den niederschlagsarmen intramontanen Becken vor. Im südlichen Teil der Kordilleren, d. h. an der Grenze zu Mexiko sowie in Kalifornien, geht die Flora in eine **xeromorphe**, also an trockene Standorte angepasste Strauchvegetation mit Dornbuschgewächsen und Kakteen (scrub) über. Diese Pflanzen sind mit teils lederartigen, teils fleischigen Blättern ausgestattet und verfügen über sehr lange Wurzeln.

Von der ursprünglichen Vegetation sind nur noch Reste vorhanden, da sich durch anthropogene Umgestaltung eine Kulturlandschaft entwickelt hat.

2.6 Ressourcen

Die USA sind mit Bodenschätzen wie auch mit energiewirtschaftlichen Rohstoffquellen sehr gut ausgestattet. Bei den meisten wichtigen Bodenschätzen ist eine Selbstversorgung gewährleistet; einige Vorkommen sind aber noch nicht erschlossen.

Die Verbreitung der Rohstoffe ist an den geologischen Bau des Kontinents gekoppelt. **Fossile** Rohstoffe, eine der Grundlagen für die chemische Industrie, finden sich im Bereich der Inneren Ebene in einem Gebiet starker Sedimentation. Vor allem in Texas lagern entlang der Golfküste wie auch in den nordwestlichen Landesteilen umfangreiche **Erdöl-** und **Erdgas**vorkommen. Gleiches gilt für Louisiana, wo im Bereich des Festlandssockels ausgedehnte Vorräte nachgewiesen sind. Von großer Bedeutung sind ebenfalls die Lagerstätten in Alaska. Die Randzonen der Appalachen, Senkungsgebiete des Erdaltertums, sind angefüllt mit umfangreichen **Kohle-** und **Anthrazit**vorkommen. Sie lagern in mächtigen Flözen mit einem nur wenig gestörten Schichtverlauf. Da das Deckgebirge nur eine geringe Mächtigkeit aufweist, ist eine Förderung im Tagebau möglich. In den Kordilleren haben sich im Zuge der vulkanischen Tätigkeit große Vorkommen an **mineralischen** Rohstoffen gebildet. Buntmetalle wie Kupfer, Blei und Zink sowie die Edelmetalle Gold und Silber, zudem Eisenerze oder auch Stahlveredler wie Wolfram machen das westliche Hochgebirge zu einem reichen Rohstofflager. Darüber hinaus befinden sich hier die größten Uranvorkommen der westlichen Welt.

Zu den Energierohstoffen im weiteren Sinne ist das Potenzial an **Wasserkraft** zu zählen. Die Rocky Mountains und die Küstenkordillere weisen nicht nur lagebedingt größere Niederschlagsmengen auf, das stark gegliederte Relief begünstigt auch das Ausbilden einzelner Ströme mit hohem jährlichen Wasserabfluss. So lassen sich durch den Bau von Talsperren die Wasservorräte zeitlich unabhängig nutzen. Ebenso eignen sich die natürlichen Voraussetzungen in den Appalachen für eine umfangreiche Nutzung der Wasserkräfte.

3 Naturrisiken

3.1 Natürliche Gefahrenpotenziale

Trotz des hohen Entwicklungsstandes der nordamerikanischen Gesellschaft ist es bis heute erst in Anfängen gelungen, **Naturkatastrophen** (natural hazards) durch eine entsprechende Forschung vorherzusagen bzw. ihnen wirksam zu begegnen. Dabei wäre dies wünschenswert, denn trotz der Größe des Landes und der dünnen Besiedlung hinterlassen Naturgewalten immer wieder große Schäden, deren Ausmaß von Jahr zu Jahr zunimmt. Die Frage, inwieweit menschliche Aktivitäten die Gewalt der Naturkatastrophen fördern (z. B. anthropogene Verstärkung des Treibhauseffekts), wird immer wieder aufgegriffen. Zu den wesentlichen Naturgefahren zählen

- Dürren und Überschwemmungen,
- Kaltlufteinbrüche und Hitzeperioden,
- Hurrikans und Tornados,
- Erdbeben und Vulkanausbrüche.

3.2 Räumliche Differenzierung

Im Gebiet der USA lassen sich Regionen unterscheiden, die in engem zeitlichen Abstand von spezifischen Naturkatastrophen betroffen sind:

- **Kalifornien**: Die Lage in einer subtropischen Randzone führt zu großen Schwankungen in der Niederschlagstätigkeit. Dürreperioden sind durch das Bevölkerungswachstum zu einem Problem geworden. Außerdem liegt der Großraum um San Francisco in einer Zone hoher seismischer Aktivität.
- Der nördliche **pazifische Küstenraum** und die westliche Küstenkordillere sind Gebiete hoher Erdbebengefährdung und reger Vulkantätigkeit. Zusätzlich bedrohen durch Seebeben ausgelöste Tsunamis den Küstenstreifen.

- In den **Rocky Mountains** führt eine mächtige Schnee- und Eisauflage zum Abgang von Schneebrettern und Lawinen. Zudem kommt es aufgrund erosiver Vorgänge zu Erdrutschen und Geröllabgängen.
- In den **Inneren Ebenen** ermöglicht die meridionale Anordnung der Gebirge ein ungehindertes Vordringen arktischer Luftmassen, sodass sich schwere Schneestürme bilden. Feuchtwarme Luft aus der Golfregion führt zu rascher Schneeschmelze, sodass es im Frühjahr häufig zu Überschwemmungen großen Ausmaßes kommt. Im Sommer entstehen durch das Zusammenspiel verschiedener Luftmassen sowie aufgrund der starken kontinentalen Erhitzung verheerende Tornados.
- Der **Südosten** der USA wird im Herbst immer wieder von tropischen Tiefdruckgebieten mit hohen Niederschlagsmengen heimgesucht. Hierzu zählen auch die Hurrikans. Außerdem kommt es häufig zu winterlichen Kälteeinbrüchen, sommerlichen Hitzewellen und Dürreperioden.
- Im **Nordosten** stellen vor allem Winterstürme (blizzards) eine Gefahr dar. In Kombination mit hohem Wellengang ist eine starke Küstenerosion zu beobachten. Auch Orkane verursachen immer wieder hohe Schäden.

3.3 Ausgewählte Beispiele von Naturrisiken

Erdbeben

Kalifornien weist eine sehr hohe Erdbebenhäufigkeit auf. Die Erdbeben werden mit der **San-Andreas-Spalte** in Verbindung gebracht, einer Verwerfung, die sich mit der Theorie der **Plattentektonik** erklären lässt. Die Verwerfung trennt auf einer Länge von 1 200 km und in einer Breite von bis zu 200 km die pazifische Lithosphären-Platte, die sich nach Nordwesten bewegt, von der amerikanischen Platte, die nach Südosten wandert. Beide driften mit einer Geschwindigkeit von ca. 5 cm pro Jahr aneinander vorbei, wobei sie sich immer wieder verhaken und damit in der Erdkruste vertikale wie horizontale Spannungen aufbauen. So sind seit dem Jahr 1800 mehr als 50 Erdbeben mit einer Stärke von über 6,5 auf der Richter-Skala registriert worden. Die **Epizentren** liegen vorwiegend seitlich der Hauptverwerfungslinie. Hier haben sich Falten gebildet, welche die Hauptstreichungslinie verlassen und teilweise sogar quer zur Verwerfung verlaufen. Der dadurch entstehende unterschiedliche Druck auf die Plattengrenzen hat zahlreiche Bruchstücke entstehen lassen, die besonders anfällig für Entspannungen der Erdkruste sind.

Sind Erdbeben generell nur äußerst schwer vorherzusagen, so ist dies in Kalifornien trotz moderner Forschung aufgrund der tektonischen Situation besonders schwierig. Selbst mit lasergesteuerter Beobachtung aus dem Weltraum, physikalischer und chemischer Analysen sowie umfangreicher Beobachtungen erfolgen die Erdbeben oftmals ohne Vorwarnung. Daher wird besonders Wert auf eine erdbebensichere Bauweise gelegt, auch wenn dies keine hundertprozentige Garantie vor Zerstörungen liefert. In den nächsten zwei bis drei Jahrzehnten rechnet man mit einem verheerenden Erdbeben der Stärke 8 bis 9 auf der Richter-Skala, dem **„Big One"**.

Witterungsextreme

Die in Nord-Süd-Richtung verlaufenden Gebirge ermöglichen das Ausfließen kalter arktischer Luftmassen genauso wie das Vordringen subtropischer warmer Luft. So kommt es im Winter immer wieder zu **Kaltluftvorstößen** aus dem Norden, die mit **Blizzards** (Schneestürmen) verbunden sind. Dabei werden schwere Schäden in der Natur hervorgerufen, aber auch Menschen sind bedroht. Manchmal bricht das öffentliche Leben für mehrere Tage zusammen. Gleitet hingegen wärmere Luft auf eine kalte Grundschicht, kann der gefürchtete **Eisregen** entstehen. Strommasten brechen unter der Last des Eises zusammen, Leitungen werden zerstört, Straßen unpassierbar.

Im Sommer heizt sich der Kontinent stark auf, da oftmals die ausgleichende Wirkung der mit Westwinden heranziehenden gemäßigteren Luft ausbleibt. Die dadurch entstehenden **Hitzewellen** erfassen dann weite Teile des Ostens der USA und lähmen die menschlichen Aktivitäten. Auch kommt es vor, dass durch die extreme Auslastung (Klimaanlagen, Ventilatoren) die Stromversorgung flächendeckend zusammenbricht.

Weitaus gefürchteter sind die **Wirbelstürme**, die sich in Tornados und Hurrikans unterscheiden lassen. **Tornados** treten vorwiegend in den Inneren Ebenen auf. Sie sind festländische, lokale Wirbelwinde, die beim Zusammentreffen von feuchtheißer und trockenkalter Luft entstehen. Obwohl sie nur wenige Minuten andauern, einen Wirbeldurchmesser von wenigen hundert Metern besitzen und sich gewöhnlich nur über eine Entfernung von 20–30 km bewegen, bergen sie eine extreme Energie in sich. Starke Aufwinde in einem engen Schlauch, dem markanten Rüssel, geraten in eine Kreisbewegung, die im Inneren des Zyklons Windgeschwindigkeiten von bis zu 500 km/h erzeugen.

Die Tornado-Allee

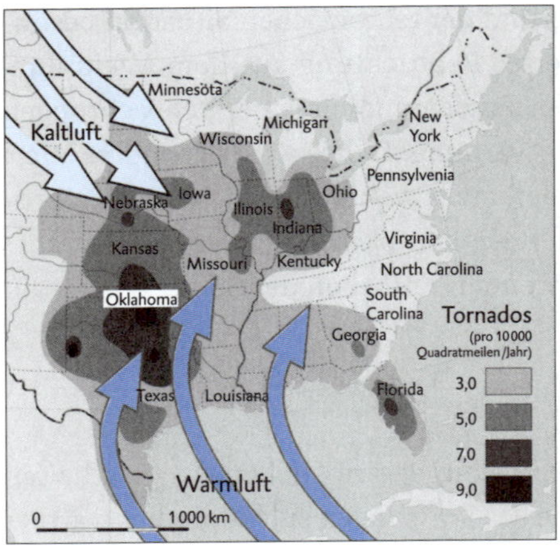

Zugbahnen von Hurrikans

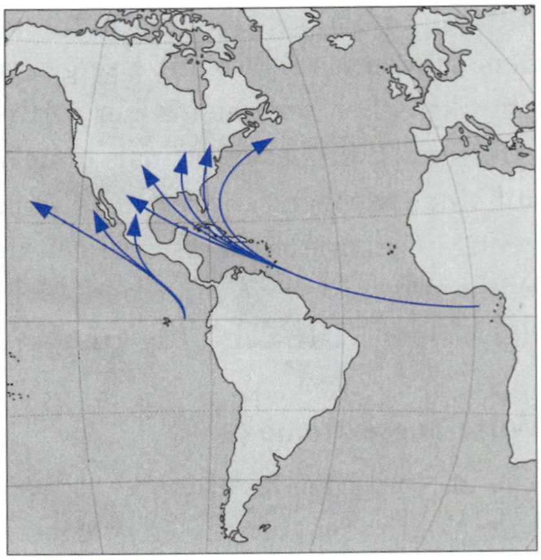

Ein **Hurrikan** dagegen ist ein tropischer Wirbelsturm, der innerhalb der Passatströmung über dem offenen Meer entsteht und an der Südostküste auf das Festland trifft. Da Hurrikans zum Entstehen eine Wassertemperatur von mehr als 26 °C benötigen, treten sie vorwiegend im Herbst auf. Sobald sie das Festland erreichen, fehlt der Energienachschub, sie schwächen sich deswegen ab und gliedern sich als Tiefdruckgebiet in die Westwinddrift ein. Hurrikans erreichen Windgeschwindigkeiten von über 200 km/h, sind begleitet von sintflutartigen Regenfällen und führen zu schweren Überschwemmungen. Ihr Durchmesser beträgt mehrere hundert Kilometer, wobei sich im Zentrum das Auge befindet, eine windschwache, niederschlagsfreie und wolkenlose kreisförmige Zone mit ca. 25 km Durchmesser.

Nordamerika ist ständig bedroht von **Dürrekatastrophen**. Insbesondere im Bereich der klimatischen Trockengrenze um den 100. Längengrad führt das Regenrisiko zu einer unzuverlässigen Situation für die landwirtschaftliche Nutzung. Aber auch in Kalifornien wird der Wassermangel zu einem Problem. Hier kommt zusätzlich der hohe Verbrauch (hohe Bevölkerungsdichte, Bewässerungslandwirtschaft) in den trockenen Sommermonaten zum Tragen. Eine Folge der Trockenheit ist die Feueranfälligkeit der Wälder. Da immer mehr Menschen aus den Stadtkernen in die Vorstädte ziehen, die in den als ökologische Ausgleichsräume ausgewiesenen Waldreservegebieten liegen, nehmen die Waldbrände immer schlimmere Ausmaße an.

4 Grand Canyon: Einblick in die Naturgeschichte

Auf einer Strecke von 450 km Länge hat sich der Colorado River an seiner tiefsten Stelle bis zu eineinhalb Kilometer in den Untergrund eingeschnitten und den größten Canyon der Welt geschaffen. An der breitesten Stelle misst die Schlucht 29 km.

Obwohl der Grand Canyon einen Einblick von beinahe zwei Milliarden Jahren gewährt, ist er aus **erdgeschichtlicher** Sicht noch sehr **jung**. Erst vor etwa zehn Millionen Jahren hat der Fluss mit seiner Schürfarbeit begonnen. Heute betrachten die Menschen fasziniert das Ergebnis seiner Tätigkeit. Zu den charakteristischen Formen des Grand Canyon gehören schroffe Vorsprünge, spitze Türme, abgerundete Kegel, bizarre Pyramiden, zerbrechlich wirkende Felsnadeln, tief gekerbte Täler und sanfte Mulden.

Der Grand Canyon

Bereits 1540 hatten spanische Eroberer den Canyon zu Gesicht bekommen, allerdings vergeblich nach einer Möglichkeit gesucht, in die Tiefe hinabzusteigen. 1776 erreichten zwei spanische Missionare den Rand der Schlucht. Einer von ihnen, Pater Francisco Tamás Garcés gab dem Fluss den Namen Colorado, der Rotgefärbte. 1869 unternahm der amerikanische Geologe **John Wesley Powell** mit einigen Begleitern eine Bootsexpedition durch die Schlucht. Drei Monate dauerte dieses Unternehmen. Powell war der erste, der den Grand

Canyon mit dem Boot durchfuhr. So konnte er auch als erster die Gesteine in der Tiefe der Schlucht studieren.

Der Colorado erlangt auf seinem 450 km langen Weg durch den Canyon ein **Gefälle** von 670 Metern. Vergleichsweise erreicht der Rhein auf der Strecke von Basel bis Köln lediglich ein Gefälle von rund 200 Metern. Der Colorado transportiert im Durchschnitt bis zu 80 000 Tonnen Material täglich. 1963 wurde der Colorado zum Lake Powell aufgestaut, vor dem **Dammbau** war die transportierte Materialmenge etwa fünf Mal so groß.

Die im Canyon vorherrschende Farbe rot bis rotbraun wird durch **Eisenoxid** hervorgerufen. Der intensive Farbstoff wird durch Wasser ausgewaschen, gelangt in tiefere Schichten und verfärbt selbst anders getönte Gesteine. So ist der im Grand Canyon in steilen Wänden vorkommende Redwall-Kalkstein ursprünglich blaugrau.

Innerhalb der Gesteinsschichten gibt es eine Reihe von **Verwerfungen** und **Brüchen**. Außerdem sind die Gesteine von unterschiedlicher Härte. Damit sind die Voraussetzungen für die Arbeit des Wassers gegeben. Niederschlagswasser kann in Spalten und Brüche eindringen. Das gefrierende Wasser sprengt den Fels und die Schwerkraft befördert das Gestein in die Tiefe, wo das Wasser die weitere Transportarbeit übernimmt. So entstanden für diese Verhältnisse typische Landschaftsformen wie Treppen und Steilabhänge.

Schematische Darstellung der Schichtenfolge im Gebiet des Grand Canyon

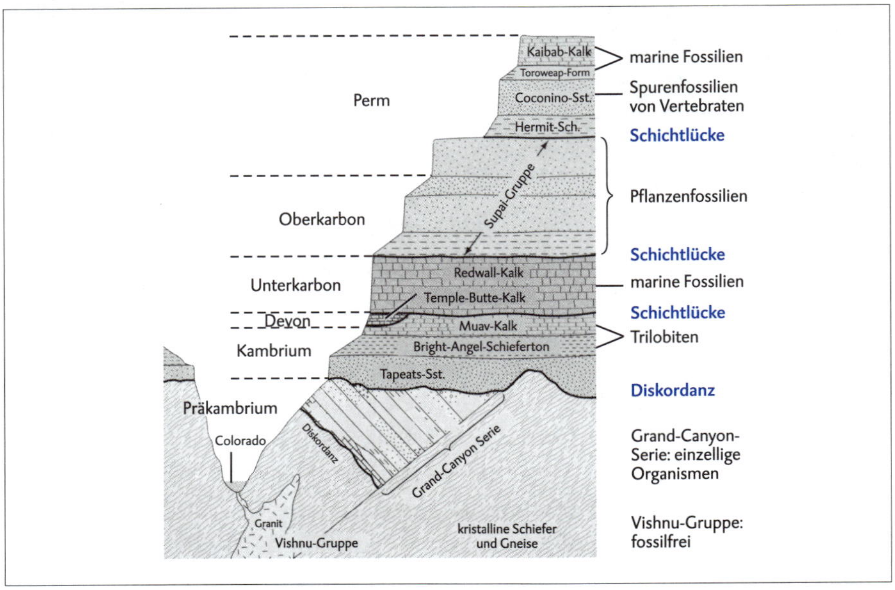

Die eineinhalb Kilometer vom Canyonrand in die Tiefe sind einer geologischen Zeitreise gleichzusetzen. Sie beginnt vor etwa 200 Mio. Jahren an der Oberfläche des Colorado-Plateaus im Perm. Vorherrschender Kalkstein mit **Fossilien** lässt auf ursprünglich ozeanische Verhältnisse schließen. In den unteren Permschichten und dem darunterliegenden Oberkarbon treten Pflanzenfossilien auf. Das Unterkarbon mit dem vorherrschenden Redwall-Kalk ist bereits fast 300 Mio. Jahre alt. Eine dünne Devonschicht trennt wegen einer **Schichtlücke** das Unterkarbon vom Kambrium.

An der Übergangszone vom Kambrium zum **Präkambrium** findet man auf engstem Raum sowohl **Sedimentgestein**, den 550 Mio. Jahre alten Tapeats-Sandstein, als auch 1,2 Milliarden Jahre älteres **metamorphes Gestein**, den Vishnu-Schiefer. Dieser dunkle Vishnu-Schiefer gehört bis in etwa 20 Kilometer Tiefe zum Kern des Gebirges. Druck und Hitze wandelten vor mehr als 1,7 Milliarden Jahren magmatische und in die Tiefe gedrückte Sedimente in Metamorphite um. Der Schiefer ist von rosafarbenen Graniten durchsetzt – hier drang glutflüssiges Magma in Hohlräume des Schiefers ein und erstarrte dort. Schiefer und Granite gelangten durch Hebung und Abtragung der darüberliegenden Schichten schließlich an die Oberfläche.

Die jüngsten Ablagerungen am oberen Rand des Plateaus stammen noch aus dem Erdaltertum. Sie haben ein Alter von annähernd 225 Millionen Jahren. Doch darüber lagen ursprünglich noch zwei bis drei Kilometer Ablagerungen aus dem Erdmittelalter, dem Trias und Jura, die zwischenzeitlich allerdings fast vollständig abgetragen wurden. In der erdgeschichtlichen Neuzeit fand nur noch Abtragung statt.

Die Entstehung des Grand Canyon

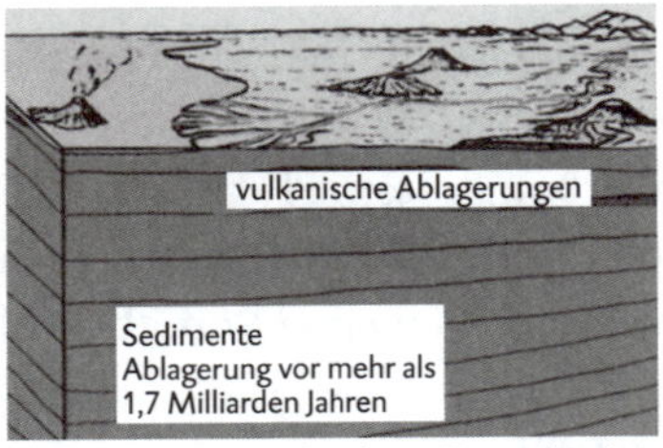

1. Schritt: In einem über lange Zeit sinkenden „Trog" lagert sich ein kilometerdicker Sedimentstapel ab. Zuweilen ergießt sich Lava aus Vulkanen darüber.

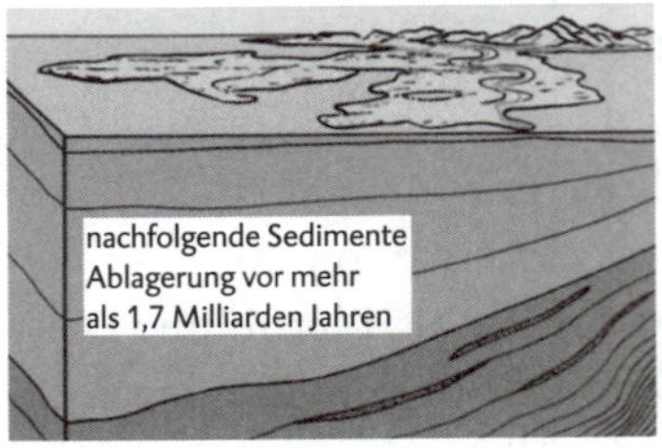

2. Schritt: Die Erdkruste gibt noch immer nach. Die älteren Sedimentschichten liegen inzwischen, von jüngeren bedeckt, in mehr als acht Kilometern Tiefe.

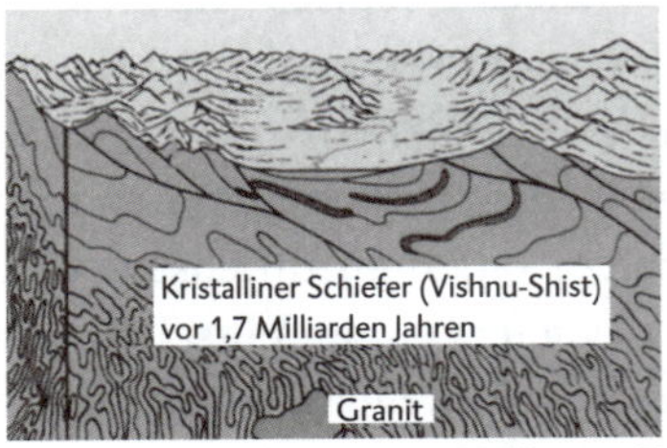

3. Schritt: Die Ablagerungen in 20 Kilometer Tiefe wurden in kristallinen Schiefer umgewandelt, gefaltet und wieder angehoben. Eingedrungenes Magma ist zu Granit erstarrt.

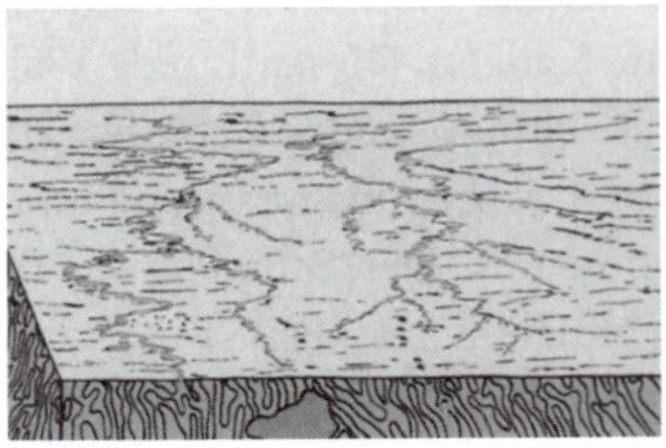

4. Schritt: Das Gebirge ist abgetragen. Die Erosion hat nur eine „Rumpffläche" hinterlassen, eine flache Ebene etwa auf der Höhe des Meeresspiegels.

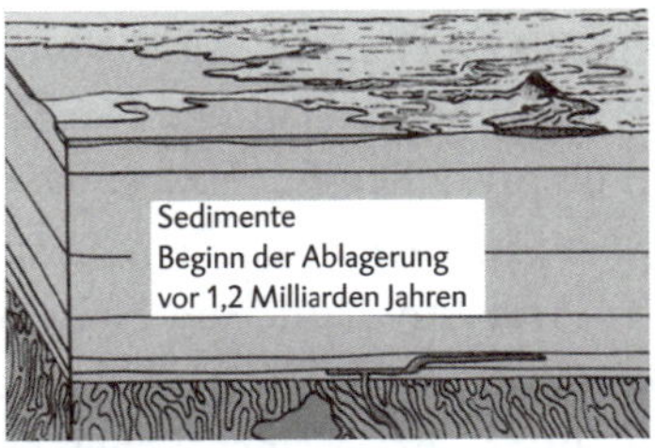

5. Schritt: Das Gebiet sinkt wieder und erneut werden Sedimente abgelagert, auch Lava fließt aus. Magma, das aus der Tiefe aufquillt, erstarrt zu Basalt.

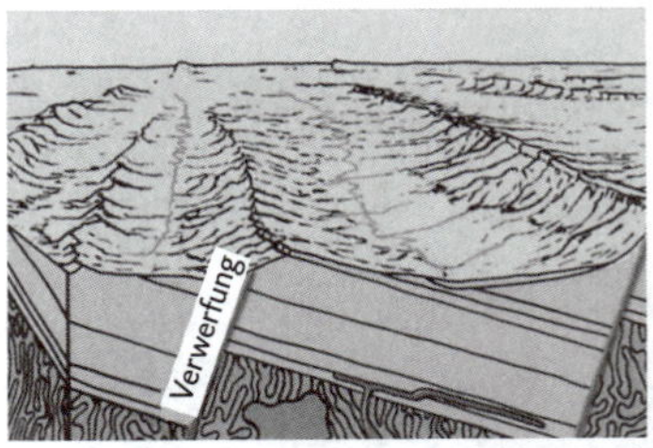

6. Schritt: Die Sedimentgesteine bilden, durch Kräfte im Erdinnern angehoben, zerbrochen und verkippt, aber nicht gefaltet, ein Blockgebirge.

7. Schritt: Die Erosion hat das Blockgebirge weitgehend eingeebnet. Nur in den kristallinen Schiefer eingesenkte Reste sind erhalten geblieben.

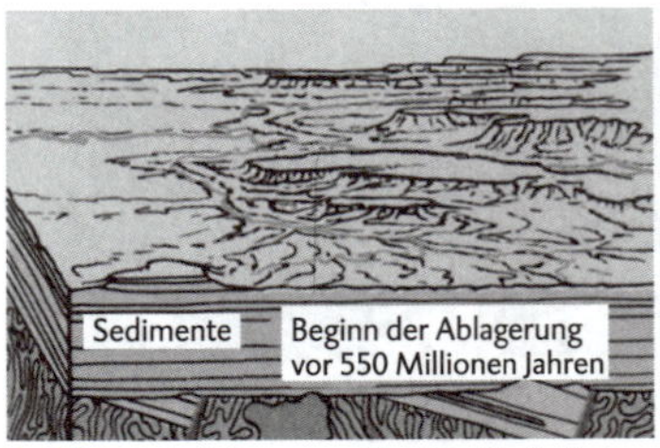

8. Schritt: Auf der neuen Erosionsfläche haben sich wieder Sedimente abgelagert, die schon abgetragen werden. Die oberen Gesteinsschichten sind nur noch teilweise erhalten.

In der Erdneuzeit bildete sich durch Hebung das **Colorado Plateau** heraus. Innerhalb des Plateaus in der Nähe des Grand Canyon befindet sich eine Aufwölbung, das **Kaibab Plateau**. Geologen nahmen zunächst an, dass der Colorado schon immer seinem jetzigen Flusslauf folgte, lediglich auf tieferem Niveau. Im Zuge der Hebung hätte sich der Fluss immer tiefer eingeschnitten. Mittlerweile ist aber bekannt, dass die Kaibab-Aufwölbung wesentlich älter ist als der Grand Canyon. Der Colorado muss demnach seinen Verlauf geändert haben.

Der Verlauf des Ur-Colorados

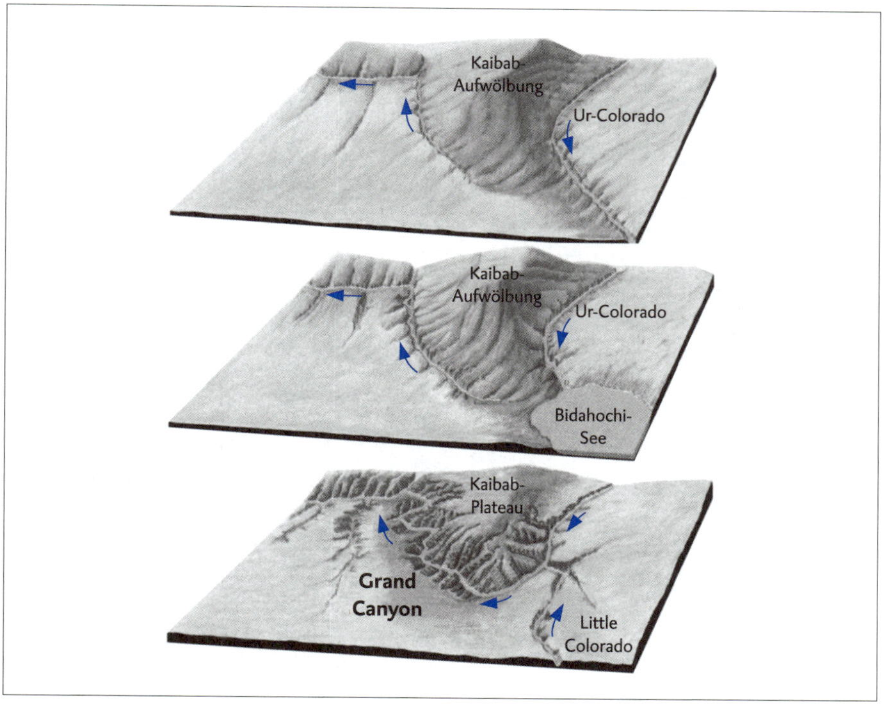

Geowissenschaftler gehen davon aus, dass ein sogenannter **Ur-Colorado** östlich des Kaibab-Plateaus verlief und in einen See mündete. Ein kleinerer Fluss stellte etwa vor zehn Millionen Jahren, als die Abtragung des Canyons begann, eine Verbindung zum Ur-Colorado her, sodass dieser seinen Lauf änderte und das Flussbett des kleineren Flusses benutzte. Der ehemalige Unterlauf des Ur-Colorado wurde zum heutigen Little Colorado.

Die Erschließung Nordamerikas

1 Die vorkoloniale Besiedlung

Bevor Kolumbus 1492 im Auftrag der spanischen Regierung seinen Fuß auf amerikanischen Boden (Bahama-Insel Guanahani) setzte, war der Kontinent bereits besiedelt. Vor ca. 30 000 Jahren waren über die Beringstraße Einwanderer aus Asien nach Amerika vorgestoßen. Dies war möglich, da zu dieser Zeit der Meeresspiegel als Folge der Eiszeit deutlich niedriger war als heute und somit eine feste Landbrücke (Beringia) existierte. Die Entwicklung der wirtschaftenden Menschen vom Wildbeuter zum sesshaften Bauern erfolgte in mehreren Etappen und erreichte ihren Höhepunkt im 1. Jahrtausend v. Chr. im Südwesten der USA. Von Europa aus landeten erst um 1000 n. Chr. Wikinger an der Ostküste, was allerdings nicht zu einer permanenten Besiedlung führte.

2 Einwanderung in der Kolonialepoche

2.1 Spanien

Die spanischen Besetzer drangen über **Mexiko** sowie die Antillen nach Norden vor. Das Fort San Marcos, der Kern der ältesten nordamerikanischen Stadt St. Augustine, wurde 1565 angelegt. Die Hauptsiedlungsräume lagen im **Süden** der heutigen USA. Die spanischen Siedlungen, die längs der Pazifik-Küste aus Missionsstationen hervorgingen, sind die Keimzellen heutiger bedeutender Städte. Vielfach ist der spanische Ursprung noch an den Ortsnamen erkennbar, wie z. B. Los Angeles. Aufgrund der geringen Anzahl der Siedler und der klimatischen Ungunst erfolgte nur eine eingeschränkte landwirtschaftliche Nutzung. Bis heute sind die unregelmäßig angeordneten Ackerfluren – neben der regelmäßigen, aus dem 18. Jahrhundert stammenden Landaufteilung – in weiten Teilen der USA erhalten geblieben. Die Spanier waren vor allem an der Ausbeutung von Edelmetallen sowie der Verbreitung des christlichen Glaubens interessiert. Allerdings schlug die Missionierung der Indianer größtenteils fehl. Das spanische Kolonialzeitalter endete 1848, als die spanischen Besitzungen an die USA übergingen.

Europäer in Nordamerika im 17. Jahrhundert

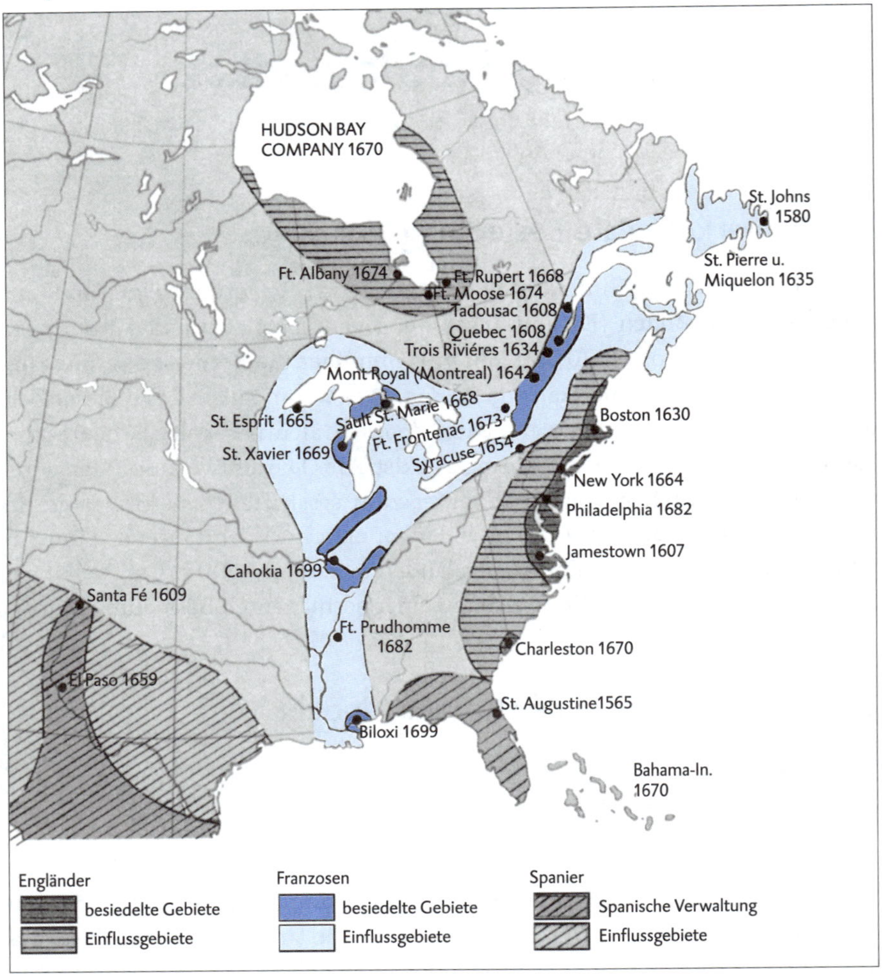

2.2 England

Die Kolonisation durch die Engländer begann 1607 mit der Landung an der **Ostküste** und der Gründung der Kolonie Jamestown im späteren Virginia. Die Ankunft der **Pilgrim Fathers** 1620 auf dem Schiff **Mayflower** in der Bucht von Boston und die Anlage der Plimoth Plantation auf dem Gebiet der späteren Stadt Plymouth waren weitere Marksteine in der Kolonialgeschichte. Puritaner, Quäker sowie Anhänger anderer Religionsgemeinschaften folgten und gründeten an der Ostküste zahlreiche **Siedlungskolonien**. Streitigkeiten unter den

Puritanern führte zu Abspaltungen und Gründungen kleinster Siedlungen, was auch heute noch in der kleinen Fläche einzelner Staaten (z. B. Rhode Island) nachzuweisen ist. Ab 1642 schlossen sich zur gemeinsamen Verteidigung fünf der Staaten zu den „Vereinigten Kolonien von Neuengland" zusammen, deren Zahl bis 1776 auf 13 wuchs (Neuenglandstaaten).

Neben der Ausübung religiöser Freiheiten waren Getreideanbau und Viehzucht die wichtigsten Beweggründe der Auswanderer. Es entwickelte sich vor allem in den Küstenstädten, aber auch im Gebiet der Hudson Bay ein reger Handel. Das Siedlungsbild war durch **Angerdörfer** mit kleinen Besitzgrößen –der englischen Heimat entsprechend – dörflich. Auch die mitgebrachte religiöse und gesellschaftliche Gesinnung sowie der intensive Gebrauch der Muttersprache ließen für die Siedler ein heimatliches Gefühl aufkommen.

Im Süden entwickelten sich im Zuge der räumlichen Expansion **Großgrundbesitz** und exportorientierte **Plantagen** (z. B. für den Tabakanbau). Hier wurden ab 1661 auch die ersten Sklaven auf den Feldern eingesetzt. Die Ausdehnung des Machteinflusses führte zu Konflikten mit anderen Kolonialherrschaften, vor allem aber mit den Franzosen, die im Siebenjährigen Krieg 1763 entscheidend geschlagen wurden. Gestärkt durch diesen Erfolg verlangten die Kolonien größere Rechte und mehr Unabhängigkeit vom Mutterland, was 1775 zum Unabhängigkeitskrieg sowie 1776 zur Ausrufung der **Unabhängigkeitserklärung** und damit zum Entstehen der USA führte.

Bevölkerungszahl Britisch-Nordamerikas während der Kolonialzeit

Jahr	1620	1650	1700	1750	1776
Einwohner	2 000	52 000	275 000	1,2 Mio.	2,5 Mio.
Das hohe Bevölkerungswachstum lässt sich auf die hohe Kinderzahl, die Einwanderung von Europäern und die Einfuhr von Sklaven zurückführen.					

2.3 Frankreich

Die französische Besiedlung ging von der **Ostküste** des Kontinents aus. 1608 wurde Quebec am St. Lorenz-Strom gegründet. Über diesen Wasserweg drangen die französischen Siedler tief in das Landesinnere vor. Sie erreichten um 1650 die Großen Seen, von wo aus sie nach Westen weite Teile der Plains bis hin zu den Rocky Mountains unter ihre Vorherrschaft brachten. Der 49. Breitenkreis, Wasserscheide zwischen dem Gebiet der Großen Seen und der Hudson Bay, geht als Begrenzung der französischen gegenüber der englischen Einflusssphäre auf diese Zeit zurück.

Die Kolonisation erfolgte zudem auch südwärts den **Mississippi** entlang bis zu seiner Mündung. 1682 wurde **Louisiana** gegründet. Waren die ersten französischen Siedler im Norden vorwiegend auf den **Handel mit Pelzen** ausgerichtet, änderte sich dies mit der Ausdehnung nach Süden entlang des Mississippi. Hier wurden dem Adel sowie der Oberschicht Grundstücke übereignet, die diese wiederum an Bauern verpachteten. Deren Parzellen lagen rechtwinklig in schmalen Streifen zum Ufer. So entstand die typische **Flusshufenflur**, die sich bis heute erhalten hat.

Louisiana wurde 1803 aufgegeben und an die USA verkauft. Grund waren die langjährigen Auseinandersetzungen mit der englischen Kolonialmacht, die Mitte des 18. Jhs. bereits weite Teile östlich des Mississippi erobert hatte, aber auch die Kriegshandlungen in Europa, die dazu führten, dass nur noch wenige Übersiedler nach Amerika kamen.

2.4 Weitere Kolonialmächte

Deutschland

1683 landeten die ersten Einwanderer aus Deutschland an der Ostküste. 13 Familien aus Krefeld ließen sich in **Pennsylvania** nieder, wo ihnen als Quäker und Mennoniten Glaubensfreiheit gewährt wurde, und gründeten die erste deutsche Siedlung Germantown. In den folgenden Jahrzehnten kamen vor allem Bürger aus Südwestdeutschland, hauptsächlich aus der Pfalz. Neben religiösen Motiven waren vor allem der erhoffte Grundbesitz in Amerika ein wesentlicher Grund zur Emigration, denn die Erbfolge auf dem elterlichen Hof führte oft zu unrentablen Betriebsgrößen (Realteilung) oder man war von der Erbfolge ausgeschlossen. Auch die Verweigerung des Militärdienstes spielte eine Rolle. Bis 1776 hatten sich ca. 100 000 Deutsche in Pennsylvania niedergelassen, was etwa einem Drittel der dortigen Bevölkerung entsprach.

Russland

Das von dem Dänen Bering erforschte **Alaska** wurde ab 1788 russische Kolonie. Der Fang von Seeottern und der Handel mit ihren Fellen waren sehr erfolgreich. Die weite Entfernung zum Mutterland, der allmählich zurückgehende Tierfang sowie nachlassendes Interesse der Russen an ihrer Kolonie führten 1867 zum Verkauf Alaskas an die USA. Mit einem Preis von nur 7,2 Mio. Dollar war Alaska fast ein Geschenk!

Niederlande und Schweden

Wenig Erfolg bei der Kolonisation war den Niederländern und Schweden beschieden. Eine um 1640 gegründete schwedische Kolonie am Delaware-Fluss konnte nur 27 Jahre gehalten werden. Die Niederländer legten 1614 eine Kolonie am Hudson River an, aus der später New York hervorging. Allerdings waren sie wirtschaftlich zu schwach, um entscheidend Fuß zu fassen. So wurde Neu-Niederlande 1664 von England vereinnahmt.

3 Die Erschließung nach 1776

3.1 Territorialentwicklung und Ausdehnung nach Westen

1776 erklärten die 13 **Neuengland-Staaten** gegenüber England ihre Unabhängigkeit, was einen mehrjährigen Krieg nach sich zog. Dieser endete 1783 mit der Anerkennung der Unabhängigkeitserklärung Neuenglands im Frieden von Versailles. In der Folge änderte sich das Einwanderungsverhalten in die Vereinigten Staaten von Amerika grundlegend. Neue Siedlerströme setzten ein, die USA wurden zum **Einwanderungsland.**

Die territoriale Entwicklung der Vereinigten Staaten war vom Erreichen bestimmter Besiedlungsdichten (z. B. Ohio) und von Landkäufen (z. B. Louisiana) abhängig. Weiterhin war sie von Abtretungen und Eintausch (z. B. Minnesota), von kriegerischen Auseinandersetzungen (z. B. Texas) und wirtschaftlichen Überlegungen (z. B. Arizona) geprägt. Die Staatenbildung war im Zeitraum 1861–1865 aber auch ein politisches Ziel – die sklavenhaltenden und die sklavenfreien Staaten sollten sich die Waage halten.

Die Besiedlung ging von der Ostküste aus, die Erschließung des Kontinents erfolgte also vom Atlantik nach Westen zum Pazifik.

Die Freiheitsstatue in New York

Sie war kein kontinuierlicher Prozess, sondern erfolgte in Phasen. Dabei waren zunächst die Appalachen, später der Mississippi, danach die Rocky Mountains natürliche Hindernisse. Die Grenzlinie zwischen dem von Indianern besiedelten Gebiet und den nachrückenden Siedlern, die sogenannte **Frontier**, war ein von kriegerischen Auseinandersetzungen geprägtes Gebiet. Die Verdrängung erfolgte mit Waffengewalt, nur teilweise konnten mit den Indianern Verträge über offizielle Landkäufe abgeschlossen werden, die allerdings alle von den Amerikanern einseitig gebrochen wurden. Außerdem wurde den Indianerstämmen mit der Ausrottung der Büffel die Lebensgrundlage entzogen. Die Frontier schob sich nicht als starre Linie, sondern als dynamisches Band in die Wildnis vor. Als besiedelt galt jenes Land, das eine Bevölkerungsdichte von mehr als zwei Einwohnern pro Quadratkilometer aufwies.

Die Phasen der Besiedlung der USA

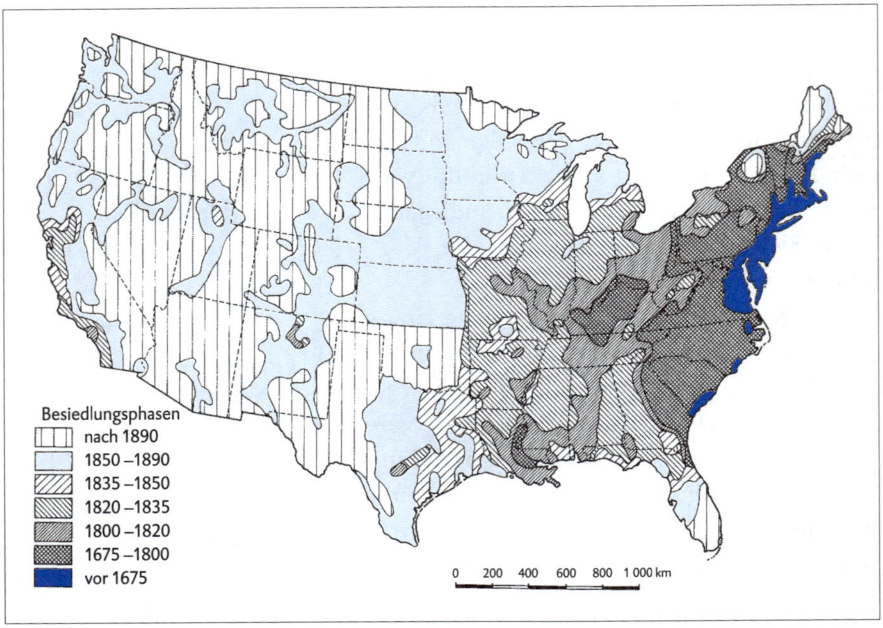

Die Landnahme erfolgte meist in drei Phasen. Einzelnen **Expeditionen,** die über Bodenschätze, Fruchtbarkeit des Landes, aber auch Schwierigkeiten mit den Indianern berichteten, folgten in der Regel zunächst Trapper (Jäger) und Waldläufer. Sie bestanden aus kleineren Gruppen und benutzten oftmals die wichtigen Pionierwege, die **Trails**, zum Beispiel Oregon Trail, California Trail, Santa Fe Trail. Diese Trails waren von privaten Handelsleuten angelegt und rechtlich abgesichert worden. Durch Verträge mit der indianischen Bevölkerung wurde „für alle Zeiten" freie Fahrt durch das Gebiet des beheimateten Stammes erreicht. Unter der Führung der Trapper gelangten in einer zweiten Welle Rancher und Squatter nach Westen. Rancher waren Viehzüchter mit einem großen Anspruch an Weideflächen, was immer wieder zu Konflikten mit den Indianerstämmen führte. Squatter waren Siedlerfamilien, die sich meist nur vorübergehend auf dem unbesiedelten Land niederließen, Blockhäuser bauten und von der Jagd lebten. In einer dritten Phase folgten die eigentlichen Farmer, deren Ziel die **planmäßige Kolonisation**, die Anlage von festen Siedlungen und die landwirtschaftliche Nutzung des Landes war.

3.2 Phasen der Einwanderung

Ab 1820 unterscheidet man verschiede Phasen der **Immigration**: „Die alte Einwanderung", „Die neue Einwanderung", „Die Zwischenphase" und „Die jüngste Einwanderung".

Phasen der Einwanderung in die USA

Zeitraum	Einwanderungsphase	Begriff	Durchschnittl. jährl. Einwanderungszahl
1790–1820		Die neue Nation	6 500
1820–1880	Die alte Einwanderung	Die kontinentale Expansion	162 000
1880–1925	Die neue Einwanderung	Die große Welle	584 000
1925–1965	Die Zwischenphase	Der Aufstieg der Mittelklasse	178 000
1965–heute	Die jüngste Einwanderung	Die Einwanderungswelle im Rahmen der Familienzusammenführung	> 600 000

Die alte Einwanderung

80 % der Einwanderer kamen aus Nord-, West- und Zentraleuropa, hauptsächlich aus England (60 %), Irland, Schottland, Schweden, Deutschland und der Schweiz. Vor allem religiöse und politische Verfolgung, aber auch Hungersnöte nach zahlreichen Missernten sowie politische Unruhen waren die Gründe der Auswanderung. Die Siedler verfügten über einen hohen Bildungsstand und übernahmen bereitwillig neuenglisch geprägte Verhaltensweisen.

Die neue Einwanderung

Die Einwanderer kamen hauptsächlich aus ost- und südeuropäischen Staaten, vor allem aus Polen, der Ukraine, Italien und Griechenland. Zu den Gründen zählten Arbeitslosigkeit, Ernährungsprobleme, Wirtschaftskrisen und Repressionen (z. B. gegen Juden in Osteuropa: 3 Mio. Auswanderer bis zum Ersten Weltkrieg). Zunehmend fanden auch Afrikaner, Asiaten und Lateinamerikaner Aufnahme. Sie stammten meist aus sozial schwächeren Schichten, hatten oft unzureichende Sprachkenntnisse und waren auf die Hilfe bereits eingewanderter Landsleute angewiesen. Ende des 19. Jahrhunderts war die erste Besiedlung weitgehend abgeschlossen. Das Zensusbüro erklärte 1890 die Frontier für nicht mehr existent.

Die Zwischenphase

Mit den Einwanderungsgesetzen 1921 und 1924 wurde die Immigration auf zunächst 150 000 pro Jahr reglementiert, aufgeteilt nach einem Schlüssel, der die vorhandene Bevölkerung nach Herkunftsländern quotenmäßig berücksichtigte. In den 1960er-Jahren waren die jährlichen Zuwanderungen auf über 300 000 angewachsen; auch die **Länderquoten** wurden vielfach unterlaufen.

Die jüngste Einwanderung

Einwanderer kommen entsprechend eingeführter **Präferenzklassen** wie Familienzusammenführung, Mangelberufe u. ä. vor allem aus Lateinamerika (heute fast 50 %), Asien (30 %) und Europa (15 %). Bemerkenswert sind die wachsenden Zahlen von Zuwanderern aus Kuba, China und den Philippinen. Neben der offiziellen Immigration gibt es eine hohe **illegale Zuwanderung**, besonders aus Mexiko und anderen lateinamerikanischen Staaten.

Einwanderer zwischen 1820 und 2002

Einwanderer nach Herkunftsgebieten in Mio.		Europäische Einwanderer in Mio.	
Europa	38,1	Deutschland	7,2
Asien	7,0	Osteuropa	6,5
Mittel-/Südamerika (ohne Mexiko)	6,1	Italien	5,4
Mexiko	6,2	England	5,2
Kanada	4,5	Irland	4,7
Afrika	2,0 – 3,5	Skandinavien	2,1

Zahl der Einwanderer zwischen 1820 und 2002

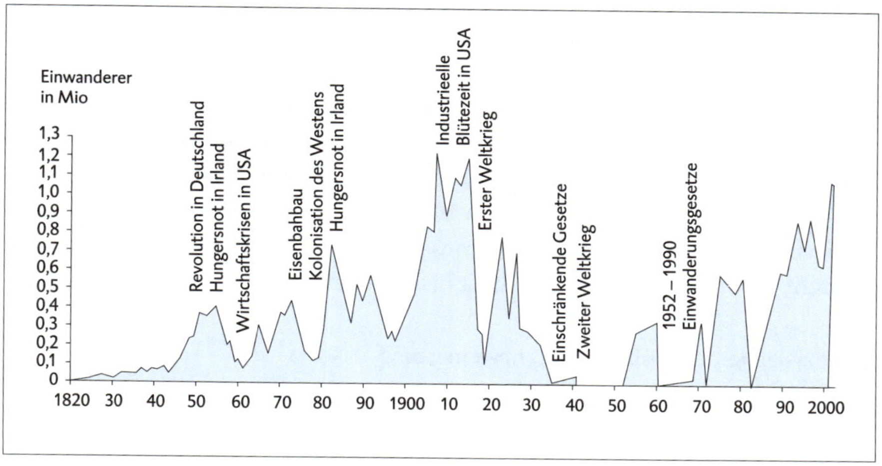

Seit 1820 sind rund 60 Mio. Personen in die USA eingewandert; die **Rückwanderungsrate** liegt allerdings bei 30 %. Der überwiegende Teil der Einwanderer kam auf der Suche nach besseren Lebensbedingungen, wirtschaftlichem Erfolg und sozialem Aufstieg in die USA. Während viele dieses Ziel auch erreichen und die amerikanische Staatsbürgerschaft annehmen, leben andere am Rande des **Existenzminimums**. Zu Ersteren gehören Immigranten aus Ostasien, die sich vorwiegend im Bereich der Pazifik-Küste sowie im Nordosten der USA niedergelassen haben; zu Letzteren vor allem Menschen aus Mexiko und Südostasien.

Auf den Umfang der unterschiedlichen **Einwanderungswellen** sowie der Herkunft der Immigranten reagierte die Regierung mit verschiedenen Gesetzen, die die Einwanderung steuern und z. T. beschränken sollten. Die Immigration verlief keineswegs reibungslos; Begleit- und Folgeerscheinungen der Einwanderung waren insbesondere:

- hohes Bevölkerungswachstum,
- Männerüberschuss (inzwischen weitgehend abgebaut),
- Vielfalt an Religionsgemeinschaften,
- hoher Anteil an Menschen, die nicht im Bundesstaat geboren sind (v. a. im Nordosten und Osten),
- Ausprägung von ghettoartigen Stadtteilen.

4 Einzelaspekte der Besiedlung

4.1 Formen der Landnahme und -vergabe

Die Inbesitznahme des Kontinents wurde durch eine sehr einfache staatliche Regulierung vorgenommen. Mit der 1785 erlassenen **Land Ordinance** wurde ein quadratisches Vermessungssystem des Landes westlich der 13 Gründerstaaten verbindlich eingeführt, außer in den Gebieten, für die die mexikanische Regierung bereits andere Landvermessungssysteme vorgesehen hatte. Die **schachbrettartige** Grundstruktur ist bis heute erkennbar.

Schema der nordamerikanischen Landvermessung

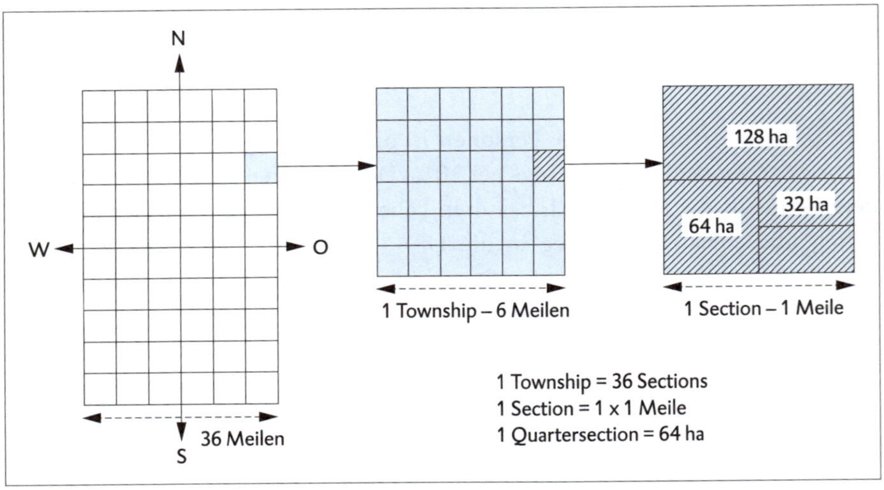

Das Gitternetz orientiert sich an Längen- und Breitenkreisen; der Ausgangsmeridian verläuft durch Indiana. Im Abstand von 6 Meilen zog man senkrechte (tiers) und waagerechte (ranges) Linien. Man erhielt **townships** mit einer Größe von 36 Quadratmeilen. Mehrere townships bildeten ein **county**, die administrative Untereinheit eines Staates. Townships wurden weiter unterteilt in 36 quadratische **sections**. Jede dieser sections war eine Quadratmeile (640 acres oder 259 ha) groß und wurde noch weiter gegliedert, z. B. in ½ sections (320 acres) oder ¼ sections (160 acres). Von diesen sections blieben zwei oder drei in Staatsbesitz; eine weitere war für die zentrale Siedlung mit Kirche, Verwaltung, Krankenstation sowie andere Dienstleistungs- und Versorgungsunternehmen reserviert. Aufgrund der naturräumlichen Voraussetzungen konnte das System in den inneren Ebenen am konsequentesten durchgeführt werden, wurde aber auch in den Rocky Mountains praktiziert. So bildete sich eine landesweit einheitliche Anordnung heraus, die in der Regel vier Farmen je section, mit den Höfen entlang der section lines, umfasste. Da sich viele Siedler kein Land leisten konnten, nahmen sie dieses in noch nicht vermessenen Gebieten oft ohne rechtliche Grundlage in Besitz. Mit dem Heimstättengesetz (**Homestead Act**, 1862) wurde die Landnahme legalisiert. Gegen geringe Gebühren konnten amerikanische Staatsbürger über 21 Jahre eine ¼ section mit der Auflage erwerben, sie zu kultivieren. So entstanden über eine Million bäuerliche Familienbetriebe in Streusiedlungen. Überarbeitungen des Heimstättengesetzes erfolgten bis 1916, als die Besiedlung bis in den trockenen westlichen Teil vorangekommen war. Da hier die Größe einer ¼ section nur selten auch freien Zugang zu Wasserstellen ermöglichte, wurden auch Ländereien von ½, 1 oder 1 ½ sections vergeben.

Neben dem Kauf von Land wurde 1862 auch die **Landschenkung** möglich. Davon profitierten neben den staatlichen Landwirtschaftsschulen vor allem die Eisenbahngesellschaften. Sie erhielten beiderseits der Trasse 10–20 Meilen breite Streifen, die sie in Parzellen aufteilten und weiterverkauften, allerdings oft so, dass benachbarte Landstücke alternierend Privat- bzw. Gesellschaftseigentum waren. Damit ergab sich auch in der Besitzerstruktur eine schachbrettartige Anordnung. Nicht alles Land konnte verkauft oder verschenkt werden. Vor allem in den südlichen Staaten mit schlechteren natürlichen Voraussetzungen blieb ein größerer Teil in öffentlicher Hand.

Landabgabe durch die amerikanische Regierung im Zeitraum von 1790 bis 1940

Landverkäufe	**170 Mill. ha**
Landvergabe nach dem Homestead Act	115 Mill. ha
Landvergabe für öffentliche Einrichtungen	74 Mill. ha
Schenkungen an Eisenbahngesellschaften	38 Mill. ha
Vergabe durch Bundesstaaten an Eisenbahngesellschaften	15,5 Mill. ha
Vergabe für Kanal- und Flussbauten	2,8 Mill. ha
Sonstige Landvergabe	2,3 Mill. ha
Insgesamt	**417 Mill. ha**

Die höchsten Anteile öffentlichen Landbesitzes am Gesamtareal befinden sich in den westlichen Bundesstaaten: Nevada 85,7 %, Arizona 72,6 %, Utah 70,4 %, Idaho 66,0 %, Wyoming 55,5 %, Oregon 53,2 %; New Mexico 44,9 %, Kalifornien 44,5 %, Colorado 37,2 %, Montana 37,2 %, Washington 34,1 %.

4.2 Die Bedeutung des Eisenbahnbaus

Die kontinentale Erschließung war entscheidend mit dem Eisenbahnbau verbunden. Hauptträger waren zwei Eisenbahngesellschaften, die Central Pacific im Westen und die Union Pacific im Osten. 1862 führten die umfangreichen staatlichen Schenkungen von Grund und Boden an die Eisenbahngesellschaften zu einem forciertem Ausbau der ersten **Transkontinentalverbindung** von Ost nach West (1869). Die Trasse führte von Omaha (Nebraska) über Cheyenne (Wyoming) und Ogden (Utah) nach San Francisco. Weitere Verbindungen entstanden an der Grenze zu Kanada von Duluth nach Portland sowie im Süden von New Orleans über El Paso nach Los Angeles (beide 1883).

Die erste transkontinentale Eisenbahnverbindung wurde am 10. Mai 1869 fertig gestellt. Die Schienenleger der beiden Eisenbahngesellschaften Central Pacific und der Union Pacific trafen in Promontory (Utah) aufeinander.

Ein Jahr später gab es fünf transkontinentale Verbindungen. Die Eisenbahnen stießen in durch Indianer nur dünn besiedeltes, teilweise menschenleeres Gebiet vor und wurden zu **Leitlinien der Besiedlung**. Unterstützt wurde die Kolonisation durch die Eisenbahngesellschaften, die Siedler warben. Für die sich nun entlang der Strecken niederlassenden Farmer entstand durch die vereinfachten Transportmöglichkeiten ein zusätzlicher Produktionsanreiz, denn ihre Erzeugnisse konnten nun leichter im dichter besiedelten Osten abgesetzt werden. Es entstanden zwei zentrale **Viehmärkte** in Chicago und Cincinnati, wo Rinder mit großem Gewinn umgesetzt wurden. Chicago selbst entwickelte sich zum größten Eisenbahnknotenpunkt und Tor in den Mittleren Westen.

4.3 Die Sklaverei in den Südstaaten

Im atlantischen Süden, auch **Alter Süden** genannt, waren aufgrund der klimatischen Voraussetzungen **Plantagen** entstanden, in denen landwirtschaftliche Produkte wie zunächst Tabak und Indigo, später vor allem Baumwolle mit hohem Arbeitskräfteeinsatz (Handarbeit) erzeugt wurden. Da die Indianer aufgrund ihrer körperlichen Konstitution für den Einsatz auf den Plantagen nicht geeignet waren, holten die Spanier Sklaven aus Afrika in die USA. Die Sklaverei reicht bis 1619 zurück, als in Jamestown die ersten 19 Sklaven aus dem tropischen Afrika ankamen und verkauft wurden.

1749 wurde per Gesetz das Sklavensystem legitimiert, der „Schwarze" konnte als **real estate** (Besitz) gehandelt werden. So entwickelten sich Savannah (Georgia) und Charleston (Süd-Carolina) zu Zentren des **Sklavenhandels**. Dies waren auch wichtige Eckpunkte des unter Führung englischer Kaufleute betriebenen **Dreieckshandels**, bei dem Plantagenprodukte wie Baumwolle, aber auch Fisch, Holz und Tabak nach Europa exportiert wurden. Von hier aus wurden Metallwaren, Feuerwaffen und Alkohol an die afrikanische Guineaküste transportiert, von dort Sklaven nach Amerika.

Verteilung der schwarzen Sklaven um 1860

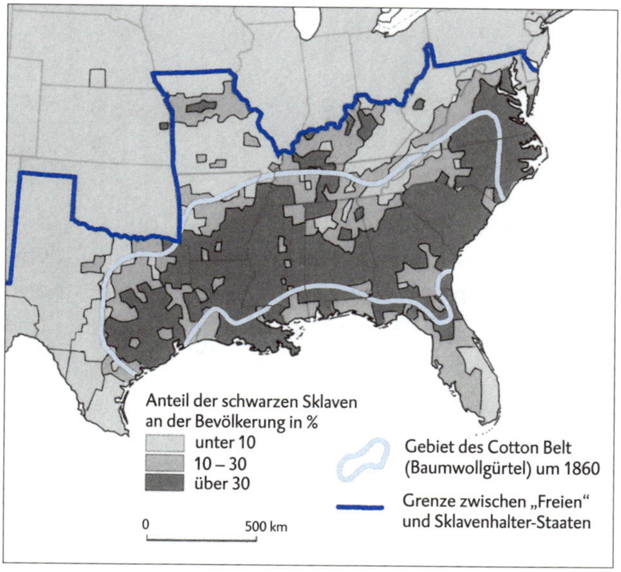

Ende des 17. Jahrhunderts erreichten die Engländer eine Vormachtstellung im Sklavenhandel. Um 1860 gab es im Süden über 2 700 Plantagen mit jeweils über 100 Sklaven; allerdings waren drei Viertel der Betriebe auch ohne Sklaven ausgekommen. Insgesamt wurden weit über 1,5 Mio. Sklaven nach Amerika eingeführt. Um 1860 lebten in den Südstaaten ca. 4 Mio. Schwarze und 8 Mio. Weiße. Dabei nahm die Zahl der Mischlinge – Mulatten (Weiße/Schwarze), Mestizen (Weiße/Indianer), Zambos (Schwarze/Indianer) – ständig zu.

Die Sklaverei war eine der Ursachen des **Sezessionskrieges** (1861–1865) zwischen den sklavenfreien Nord- und den sklavenhaltenden Südstaaten. Mit dazu beigetragen haben auch verschiedene Lebens- und Gesellschaftsformen. Im Norden hatten sich private Familienfarmen herausgebildet, hinzu kamen Handel, Handwerk, Industrie sowie das Aufblühen der Städte. Im Süden ließen die Plantagenbesitzer Privatinitiativen keinen Raum. Städte konnten sich nicht entwickeln und potenzielle Einwanderer zogen die Nordstaaten vor. Es bestanden auch unterschiedliche wirtschaftliche Interessen – während der Süden für einen offenen Weltmarkt eintrat, favorisierte der Norden Schutzzölle.

Bevölkerung und Wirtschaft um 1861

	Nordstaaten	Südstaaten
Bevölkerung (Mio.)	22,2	9,2
Wehrfähige Weiße > 18 Jahre (Mio.)	4,6	1,1
Roheisenproduktion (1000 t)	950	37
Eisenbahnlinien (km)	ca. 30 000	ca. 9 000
Wert der Industrieproduktion (Mio. US-$)	1 740	160

Die Südstaaten verloren den Krieg und die Sklaverei wurde 1865 verboten. Allerdings konnten sich die befreiten Sklaven in der Regel nur zu armen Kleinbauern oder Pächtern empor arbeiten. 1870 erhielten sie im letzten Bundesstaat das Wahlrecht. Der meist friedliche Kampf für Gleichberechtigung und gegen Rassentrennung setzte sich bis in die späten 1960er-Jahre fort.

Agrarwirtschaftliche Strukturen

1 Die Anfänge der Agrarentwicklung

1.1 Natürliche Voraussetzungen der Landwirtschaft

Die USA bieten aufgrund ihrer Ausdehnung über mehrere Klimazonen die Möglichkeit, Nutzpflanzen mit sehr unterschiedlichen Wachstumsbedingungen anzubauen. So lässt sich die große Bandbreite der landwirtschaftlichen Produktion in den USA erklären. Vor allem die **Steppen-** und **Grasländer** bieten mit ihren fruchtbaren **Schwarz-** und **Braunerden** ein hervorragendes Potenzial für eine erfolgreiche Landwirtschaft. Die ausgedehnten Tief- und Tafelländer ermöglichen einen großflächigen Anbau und den Einsatz modernster Maschinen auf riesigen Nutzungsparzellen. Klimatische Ungunstfaktoren stellen der reliefbedingte Einbruch von Kaltluftmassen aus dem Norden und das Vordringen von heißer Tropikluft aus dem Süden dar. So besteht westlich des 100. Längengrades (Trockengrenze) **Dürregefahr** und die Südosthälfte des Landes ist durch **Tornados** und **Hurrikans** gefährdet.

1.2 Räumliche Strukturen in der Landwirtschaft

Mit der im Osten der USA einsetzenden Besiedlung wurde die Landwirtschaft systematisch entwickelt. Bereits um das Jahr 1840 war der 100. Längengrad erreicht und fast die Gesamtheit der zentralen Tiefländer für die Besiedlung und Bewirtschaftung frei. **Landnahme** und **Landvergabe** erfolgten durch staatliche Regulierungen und Gesetze. Als vorteilhaft erwies sich das Know-how der Einwanderer. So brachten südeuropäische Siedler Kenntnisse zur Erschließung arider Räume durch Bewässerung mit.

Der große Bevölkerungszuwachs nach der Unabhängigkeitserklärung und gegen Ende des 19. Jahrhunderts brachte der Landwirtschaft einen kräftigen Aufschwung. Die Nahrungsmittelproduktion für die schnell wachsende Bevölkerung und die Bereitstellung von Futtermitteln für die in der Landwirtschaft und zum Transport eingesetzten Pferde standen im Mittelpunkt.

Die unterschiedlichen Naturbedingungen und die mit den Siedlungsschwerpunkten entstandenen Absatzmärkte führten zu einer regionalen **Differenzierung** der **Agrarlandschaft**. Die schon früh ausgebauten Verkehrsverbindungen erleichterten den Austausch von Produkten zwischen den einzelnen Wirtschaftsräumen, was die **Spezialisierung** begünstigte. Auf diese Weise entstanden Agrarräume mit charakteristischen Produkten und Betriebsformen.

Die nach dem jeweils wichtigsten Produkt benannten **Landwirtschaftsregionen** verlaufen im Osten der USA breitenkreisparallel – entsprechend den klimatischen Bedingungen. Sie wurden auch als **Belts** (Gürtel) bezeichnet.

Das traditionelle Belt-Konzept

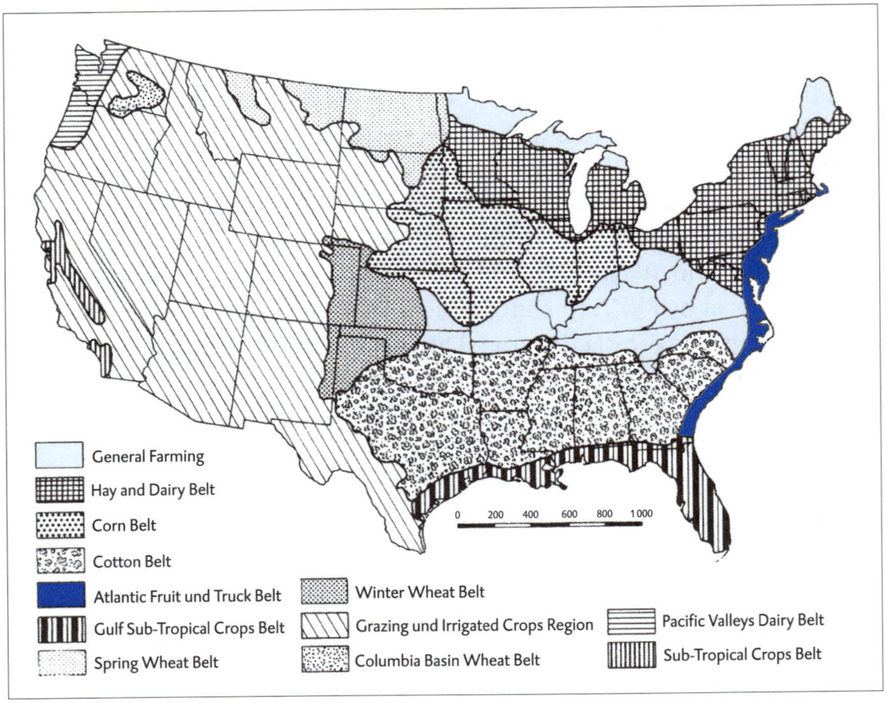

Neben den klimatischen Bedingungen spielte auch die Marktnähe eine wichtige Rolle. So wurden in der Nähe der großen **Agglomerationen** an der Ostküste leicht verderbliche Waren – z. B. Milchprodukte oder Frischgemüse – erzeugt (Dairy Belt). Erst mit der Einführung von Kühlwaggons und später Kühl-Lkws konnten z. B. auch in Kalifornien Milchprodukte und Gemüse produziert und über große Entfernungen in die Agglomerationen transportiert werden.

Aufgrund der Transportkosten spielt die Marktnähe für diese Produkte aber auch heute noch eine wichtige Rolle. Neben den Hauptprodukten der Belts, die jeweils zur Namensgebung führten, wurden in diesen Regionen auch andere Produkte angebaut. So stellte der Maisanbau im Corn Belt die Grundlage für eine erfolgreiche Viehzucht dar. Auch im Cotton Belt war die Baumwolle nicht das einzige landwirtschaftliche Produkt – dem Klima entsprechend wurden noch Tabak, Reis und Zuckerrohr kultiviert. Die Beltstruktur änderte sich durch den Strukturwandel in der Landwirtschaft.

2 Der Aufschwung im 20. Jahrhundert

2.1 Innovationsschübe in der US-Landwirtschaft

Mit der Westwanderung der Siedler nahm die Zahl der Farmen zu. Um das Jahr 1920 erreichte diese mit etwa 6,5 Mio. ihren Höhepunkt. Zu diesem Zeitpunkt begannen auch die entscheidenden Innovationen in der Landwirtschaft, auch **„Revolutionen"** genannt.

Mechanische Revolution

Bereits ab 1830 wurden die ersten mechanischen Erntemaschinen entwickelt, die zunächst noch von Pferden gezogen wurden. Ab 1875 kamen die ersten, von Dampfmaschinen angetriebenen **Traktoren** zum Einsatz. Der um die Jahrhundertwende konstruierte Traktor mit Verbrennungsmotor benötigte allerdings rund 15 Jahre für den Durchbruch. In der US-Landwirtschaft gab es um 1920 etwa 300 000 Traktoren, 30 Jahre später waren es bereits 3,5 Mio. (BRD: 139 000).

In diesem Zeitraum wurden auch weitere Landmaschinen entwickelt wie Mähdrescher und Erntemaschinen für fast alle Feldfrüchte. Melkmaschinen brachten eine große Arbeitserleichterung. Die Produktion wurde immer rationeller. Es verstärkte sich der Trend zu Monokulturen und Großfarmen, denn kleine Farmen konnten die Kosten für den technischen Fortschritt kaum noch aufbringen. Betrug die durchschnittliche Farmgröße um die Jahrhundertwende noch etwa 55 ha und 1930 etwa 60 ha, so schnellte sie bis 1950 auf knapp 90 ha und im Jahr 2000 auf 175 ha hoch.

Revolution durch Hybridzucht

Durch Kombination von verschiedenen Eigenschaften ausgewählter Nutzpflanzensorten – auch **Hybridisieren** genannt – gelang es, Sorten zu züchten, die widerstandsfähig gegenüber Schädlingen, Trockenheit oder extremen Temperaturschwankungen und zudem äußerst ertragreich waren. Die ersten Hybridmaissorten kamen 1930 in den Anbau. Sie steigerten den Hektarertrag auf Anhieb um 30 %, von 1930 bis 1950 konnte dieser sogar verdoppelt werden. Weitere Züchtungserfolge sowie Pflanzenschutz- und Düngemittel verdoppelten den Ertrag noch einmal bis 1970. Ähnliche Erfolge wurden bei Sorghum, Baumwolle, Sojabohnen, Erdnüssen und seit einigen Jahren auch bei Weizen erzielt. Die guten Ergebnisse bei der Pflanzenzucht veranlassten die Agrarwissenschaftler, auch bei der Tierzucht die Hybridmethode einzusetzen. In diesem Bereich war die Methode ebenfalls erfolgreich und so kamen zum Beispiel 1940 die ersten Hybridküken in die Geflügelmast.

Organisatorische Revolution

Die nach dem Homestead Act regulierte Landvergabe im 19. Jh. hatte dazu geführt, dass ein großer Teil der amerikanischen Farmen die damals festgelegte Größe von 160 Acres besaß und von einer Familie bewirtschaftet wurde. Diese mittelgroße **Family Farm** konnte sich über viele Jahrzehnte halten. Zahlenmäßig überwiegt sie heute noch, wirtschaftlich jedoch nicht mehr. Dazu trugen auch veränderte Organisationsformen in der US-Landwirtschaft bei. Der Einsatz von teurem Saatgut und kostenintensiven Maschinen zwang viele Farmer zur Aufgabe ihres Betriebes und führte zur Zusammenlegung von Flächen und damit zur **Industrialisierung** der Landwirtschaft. Ab 1950 kam es verstärkt zur Kooperation von Betrieben, um Anschaffungs- und Betriebskosten gemeinsam zu tragen. Auch Verwaltung und Betriebsleitung ließen sich durch Synergieeffekte optimieren. Derartige Kooperationen werden als **horizontale Integration** bezeichnet. Seit 1960 gibt es einen Trend zur **vertikalen Integration**. Dabei gehören zu einem Agrarunternehmen im Bereich der Tiermast z. B. der Aufzuchtbetrieb, der Mastbetrieb, die Schlachterei sowie der Futtermittelbetrieb. Mit dem Aufkommen der agroindustriellen Unternehmen ging der Einsatz von „agrarfremdem“ Kapital einher. Rechtsanwälte, Ärzte und andere kapitalkräftige Berufsgruppen investierten in Agrarunternehmen. Hinzu kamen nicht-agrarische Firmen (z. B. Coca Cola), die mit ihrem Kapital riesige vertikal integrierte Unternehmen bildeten, in denen von der Feldfrucht bis zur verpackten Tiefkühlware, von der Düngerherstellung bis zur Landmaschinenentwicklung alles unter einem Dach vereint ist.

Horizontale und vertikale Integration

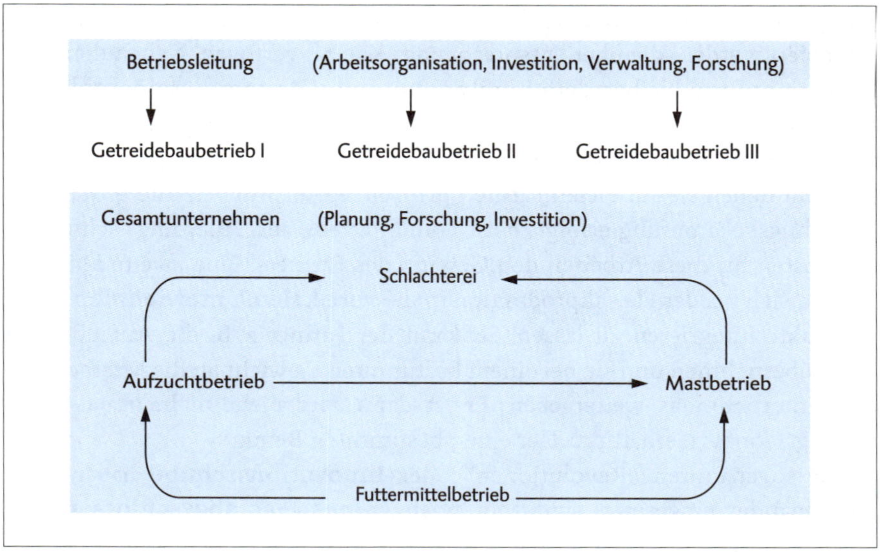

Gentechnische Revolution

1994 kam die erste gentechnisch veränderte Tomate in den Handel. Bei ihr hatte man ein Enzym blockiert, das zur Auflösung der Zellwände führte. So erhielt man reife, rote Tomaten, die trotzdem längere Zeit fest blieben. Als ein großer Erfolg gilt schon heute die Isolierung und Verpflanzung eines Gens, welches das Bodenbakteriengift Phosphinotricin (PT) unschädlich macht. Überträgt man dieses Gen z. B. auf Sojapflanzen, so können Sojabohnen mit PT gespritzt werden, ohne selbst Schaden zu nehmen. Man kann nun Sojabohnen-Felder spritzen, wobei alle Unkräuter eingehen, die Sojapflanzen aber nicht geschädigt werden. Bereits 1998 waren 50 % aller amerikanischen Sojapflanzen auf diese Weise gentechnisch verändert. Inzwischen ist es Wissenschaftlern gelungen, das Gen u. a. auch auf Mais, Raps, Gerste, Reis, Tomaten und Gemüse zu übertragen. Weitere gentechnische Veränderungen machen Pflanzen immun gegen **Schädlinge**. So gibt es mittlerweile Kartoffeln, die gegen den Kartoffelkäfer, und Erbsen, die gegen den Kornwurm immun sind.

Folgen der landwirtschaftlichen Innovationen

Die genannten Innovationen sind kostspielig und können nur von Farmern finanziert werden, die über entsprechendes Kapital verfügen. Neben dem Verkauf seiner Farm bleiben dem Family Farmer zwei Anpassungsmöglichkeiten: Er kann die Arbeiten auf den Feldern von spezialisierten **Agrar-Dienstleistungsunternehmen** ausführen lassen. Diese haben rationelle, große Maschinen, mit denen sie auf vielen Farmen pflügen, eggen, düngen und ernten. Die Schädlingsbekämpfung erfolgt meist vom Flugzeug aus. Allerdings schmälern die Kosten für diese Arbeiten den Gewinn des Farmers. Eine zweite Möglichkeit ist, sich bei der Fleischproduktion in die **vertikalen Unternehmen** durch Kontrakte integrieren zu lassen. So kann der Farmer z. B. die Aufzucht der Tiere übernehmen und sie bei einem bestimmten Gewicht an die Mastbetriebe des Unternehmens weitergeben. Er ist dann aber nicht mehr am Gewinn beteiligt, sondern erhält pro Tier einen bestimmten Betrag.

Die sogenannten „Revolutionen" oder **Innovationsschübe** haben zwar nacheinander eingesetzt, sind aber noch **keineswegs abgeschlossen**. Die Mechanisierung der US-Landwirtschaft geht auch heute noch weiter. Bei den modernen Erntemaschinen haben (opto-)elektronische Steuerungen ihren Einzug gehalten. Die neuesten Weintraubenernter schütteln die Trauben nicht mehr mechanisch vom Rebstock, sondern ein Photoelement tastet die Trauben ab, stellt ihren Reifegrad fest und gibt dann einen Impuls an einen Greifarm, der die Traube abschneidet und in einen Vorratsbehälter legt. Mit ähnlich ausgefeilter Technik ist es gelungen, Erntemaschinen an die Früchte anzupassen und so auch Tomaten, Salatköpfe und andere empfindliche Früchte maschinell zu ernten. Die hohen Kosten dieser Maschinen haben einerseits den **Konzentrationsprozess** in der Landwirtschaft verstärkt und andererseits den Anteil der Lohnkosten deutlich verringert.

2.2 Bewässerung – Garantie für hohe Erträge?

Mit den südeuropäischen Einwanderern kamen Landwirte in die USA, die aus ihrer Heimat verschiedene Systeme der **Bewässerung** kannten. So konnten schon sehr früh Teile der Trockenräume in den USA intensiv landwirtschaftlich genutzt werden. Die Verwendung leistungsfähiger Pumpen und das Angebot relativ preisgünstiger Energie führten vor allem nach dem Zweiten Weltkrieg zu einer starken Ausweitung der Bewässerungsflächen.

Entwicklung der Bewässerungsflächen in den USA

Jahr	Bewässerte landwirtschaftliche Nutzfläche (Mio. ha)	Jahr	Bewässerte landwirtschaftliche Nutzfläche (Mio. ha)
1889	1,5	1959	13,4
1900	3,0	1969	15,8
1910	5,8	1978	20,4
1920	7,8	1987	18,8
1930	7,9	1992	20,0
1939	7,3	1997	22,5
1949	10,4	2002	22,4

Die Staaten mit den größten Bewässerungsarealen sind Kalifornien (3,5 Mio. ha), Nebraska (3,1 Mio. ha), Texas (2,1 Mio. ha), Idaho (1,3 Mio. ha), Colorado (1,0 Mio. ha) und Kansas (1,1 Mio. ha). Auf diese sechs Staaten entfallen rund 60 % der gesamten Bewässerungsfläche. Die wichtigste Frucht im Bewässerungsfeldbau ist der **Mais** (3,8 Mio. ha), es folgen **Alfalfa** (2,2 Mio. ha), **Baumwolle** (1,8 Mio. ha) und **Obst** (1,5 Mio. ha).

Bewässerte Orangenhaine im kalifornischen Längstal

In der Landwirtschaft werden vier **Bewässerungstechniken** angewandt:

- Beregnung (auf 51 % der bewässerten Fläche)
- Oberflächen-, Furchenbewässerung (43 %)
- Tröpfchenbewässerung (5,5 %)
- Unterirdische Tröpfchenbewässerung (0,5 %)

Bewässerungstechniken

Schema der Furchenbewässerung

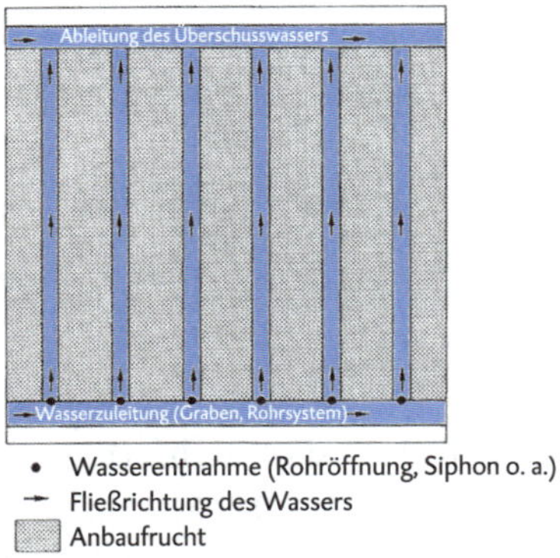

Schema der Beregnungsbewässerung mit verlagerbarem System

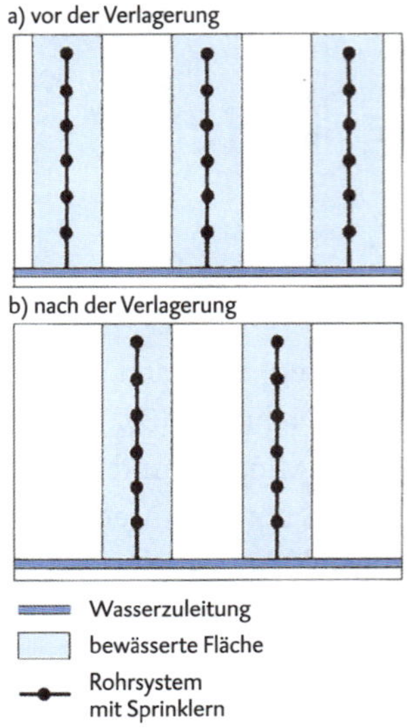

Schema der Tröpfchenbewässerung

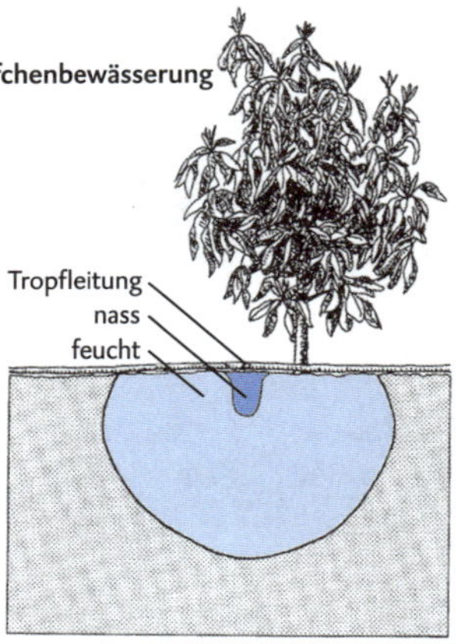

Schema der Karussellberegnung

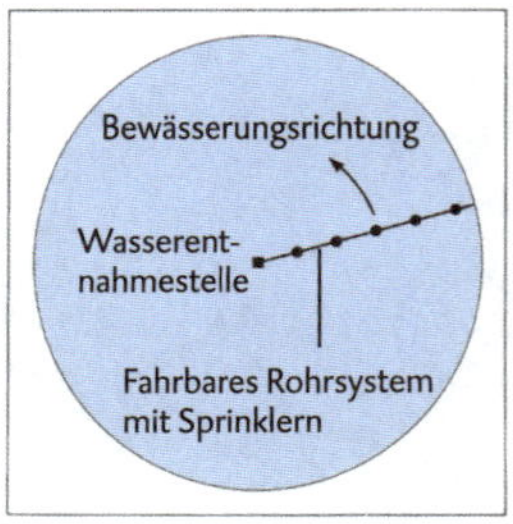

Schema der unterirdischen Tröpfchenbewässerung

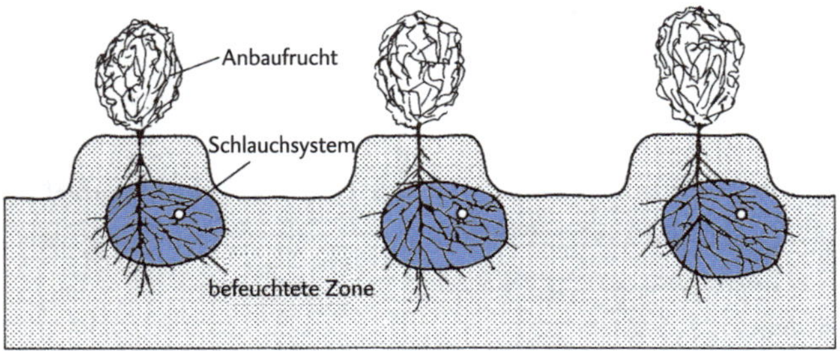

Bei der **Beregnung** wird Wasser über Rohrleitungen zu den Feldern geleitet und dort über verschiedene Systeme versprüht (z. B. Kreisberegnungsmaschinen). Dabei können Dünge- oder Pflanzenschutzmittel zugegeben werden. Allerdings sind diese Systeme windempfindlich und weisen große Verdunstungsverluste auf; zudem sind die benötigten Pumpen sehr teuer. Bei der **Oberflächenbewässerung** leitet man Wasser in Furchen oder großflächig auf die Felder. Ein Vorteil dieser Bewässerungstechnik sind die geringeren Kosten; zu den Nachteilen zählen hohe Verdunstungsverluste und die Verdichtung des Oberbodens. Die Systeme der **Tropf- und Unterflur-Bewässerung** leiten das Wasser über Schläuche direkt in den Wurzelbereich der Pflanzen und arbeiten mit sehr geringen Wasserverlusten. Allerdings ist die Anlage dieser Systeme sehr kostenaufwändig.

In Trockenräumen ist eine ertragreiche Landwirtschaft erst durch die Bewässerung möglich. In Räumen, in denen Anbau ohne Bewässerung stattfinden kann, bringt diese wesentlich höhere Erträge:

Ernteerträge in den USA 2003 (Index: ohne Bewässerung = 100)

Frucht	ohne Bewässerung	mit Bewässerung
Weizen	100	195
Alfalfa	100	200
Baumwolle	100	177
Kartoffeln	100	143
Mais	100	170
Hirse	100	174
Soja	100	145

Der Anbau von Kulturen im Bewässerungsfeldbau ist kein Allheilmittel für eine ertragreiche Landwirtschaft. Denn die Bewässerung mit Brunnenwasser führt in Trockenräumen zu einer erheblichen Absenkung des **Grundwasserspiegels**. In den Great Plains fiel er beispielsweise zwischen 1940 und 1980 um mehr als 30 m. Die Ableitung von Colorado-Wasser für Bewässerungszwecke führte zu jahrelangen Streitigkeiten mit Mexiko, das sich über die geringe Wasserführung des Colorado an der Grenze beschwerte. In Kalifornien wird das Wasser über lange Kanalsysteme aus den Gebirgen und dem feuchteren Nordteil des Staates nach Süden geführt. Das immer knapper und teurer werdende Wasser hat die Zunahme der Bewässerungsflächen gebremst und in den Great Plains mussten Bewässerungsfelder aufgegeben werden, was zum Teil zur Abwanderung von Landbewohnern geführt hat.

3 Strukturwandel in der US-Landwirtschaft

3.1 Veränderung landwirtschaftlicher Strukturen

Die technische Entwicklung in der Landwirtschaft hat im Laufe des 20. Jahrhunderts zu einem **Konzentrationsprozess** geführt, der die horizontale und vertikale Integration gefördert hat. Außerdem mussten immer mehr kleine und mittlere Farmen aufgeben, weil sie den Fortschritt nicht bezahlen konnten. Hinzu kam das **Farmsterben** Anfang der 1980er-Jahre.

Vorausgegangen war ein Exportboom bei Getreide, ausgelöst durch sowjetische Importe, die durch ein Getreideabkommen zwischen den USA und der Sowjetunion abgesichert waren. Viele Farmer investierten daraufhin in neue Maschinen und Ausrüstungen. Dazu nahmen sie teilweise auch hohe Kredite auf. Als sowjetische Truppen in Afghanistan einmarschierten, verhängte der damalige US-Präsident Jimmy Carter ein **Getreideembargo** gegen die Sowjetunion. Zwar lieferten die USA auch weiterhin die im Vertrag vereinbarte Getreidemenge, das waren aber rund 7 Mio. t weniger als in den Jahren zuvor. So blieben die US-Farmer auf einem Teil ihrer Getreideernte sitzen und mussten drastische Einnahmeverluste hinnehmen.

Hinzu kam, dass andere Länder wie Argentinien und Brasilien ihre Exporte verstärkten und ehemalige Getreideimporteure wie Indien und China durch große Fortschritte in der Landwirtschaft kaum noch auf Importe angewiesen waren. Obendrein führte ein hoher Dollarkurs dazu, dass amerikanisches Getreide nur noch mit Abschlägen auf dem Weltmarkt abzusetzen war. Da aufgrund der Absatzschwierigkeiten für Getreide auch der Wert des Getreidelandes sank, verlangten die Banken als Ausgleich für die verminderte Banksicherheit höhere Zinsen. Von 1978 bis 1984 verdoppelte sich so die Verschuldung der Farmer. Zwar wurde das Getreideembargo 1981 abgebrochen und ab 1983 nahm die Sowjetunion aufgrund eines neuen Abkommens wieder mehr US-Getreide ab, aber von 1980 bis 1985 war der Weltmarktpreis z. B. für Weizen um 40 % gefallen und viele kleinere Farmen mussten wegen ihrer Schulden aufgeben. Daran konnten auch **staatliche Hilfsprogramme** und **Subventionen** für die Landwirtschaft nur wenig ändern.

Die Entwicklungen in Agrartechnik und -wirtschaft haben die Zahl der Farmen in den USA seit den 1930er-Jahren drastisch sinken lassen. Nach einer Konsolidierung zwischen 1974 und 1982 setzte sich das Farmsterben bis ca. 1992 fort. Seitdem scheint sich die Zahl der Farmen wieder zu stabilisieren.

Zahl der Farmen und Fläche pro Farm (in acres) in den USA 1850–2002

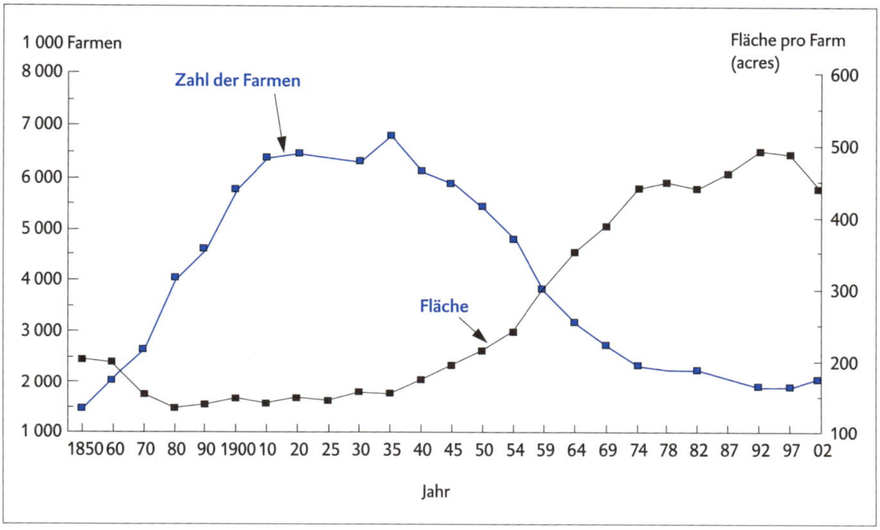

Anders als die deutsche Agrarstatistik, die die Betriebe nach der Größe der Nutzfläche klassifiziert, differenziert die US-Statistik nach Einkommensklassen: Die Hälfte aller Farmen erzielt einen jährlichen Bruttoerlös von unter 10 000 US-$. Zusammen erwirtschaften sie nur etwa 1,4 % des gesamten Produktionswertes. Auf der anderen Seite haben nur 1,2 % aller Farmen einen Bruttoerlös von über 1 000 000 US-$. Sie erwirtschaften fast 48 % des gesamten Produktionswertes. Dass die ganz kleinen Farmen immer noch existieren liegt daran, dass sie im Nebenerwerb, teilweise sogar als **Hobbyfarm**, betrieben werden und ihre Eigentümer nicht auf das Farmeinkommen angewiesen sind. Das Farmsterben hat nicht bei den ganz kleinen Betrieben stattgefunden, sondern bei den mittleren Farmgrößen.

Neben der Konzentration beim Produktionswert hat auch eine Konzentration im sektoralen Bereich stattgefunden. Von **sektoraler Konzentration** spricht man, wenn große Anteile an der Erzeugung eines Produktes auf nur wenige Betriebe entfallen. Dies ist in den USA besonders bei der Geflügelhaltung der Fall. Hier stellen wenige vertikal integrierte Großunternehmen den überwiegenden Teil der gehaltenen Tiere. Da mit der Vergrößerung der Tierbestände stärker mechanisiert und rationalisiert und somit günstiger produziert werden kann, zeichnet sich auch bei der Schweine- und Milchviehhaltung seit Beginn der 1990er-Jahre eine zunehmende sektorale Konzentration ab. Vor allem in den Bundesstaaten Colorado, Missouri, Nord Carolina, Arizona und Kalifornien sind solche Großbetriebe entstanden.

Verteilung der Farmen nach Größenklassen des Produktionserlöses 2002 in %

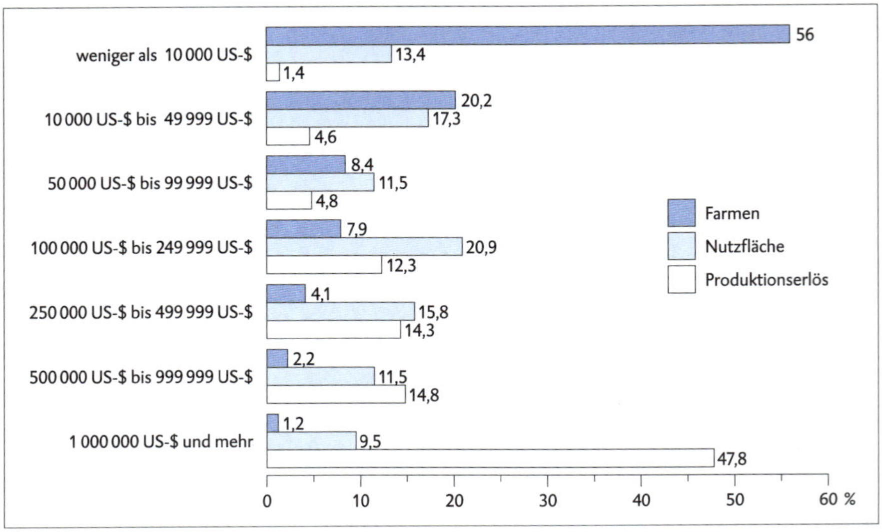

3.2 Räumliche Auswirkungen des Strukturwandels

Mit den Innovationsschüben in der US-Landwirtschaft ab 1930 haben sich nicht nur die Besitz- und die sektorale Struktur der Betriebe verändert, sondern auch die **räumliche Ordnung** der Agrarlandschaft. Die alten Belts wurden teils aufgelöst, teils umgestaltet. So zerfiel der Cotton Belt, als die nach der Aufteilung der Plantagen (Folge der Aufhebung der Sklaverei nach dem Bürgerkrieg) die kleinen Baumwollflächen mit den großen, neu angelegten Betrieben in Texas, Arizona und Kalifornien nicht mehr konkurrieren konnten. Dieser Vorgang wurde noch beschleunigt, als nach dem Zweiten Weltkrieg eine Baumwollerntemaschine entwickelt wurde, deren Einsatz sich auf den kleinen Flächen im Cotton Belt nicht lohnte. Aus dem Corn Belt wanderten teilweise die Geflügel- und die Rinderhaltung ab. Die Geflügelhaltung füllte die Lücken im zerfallenden Cotton Belt oder ließ sich, wie die Rinderhaltung, in den klimatisch begünstigten Regionen des Westens und Südwestens nieder.

Die nachfolgende Karte zeigt die heutige Raumstruktur der amerikanischen Landwirtschaft. Hier wurde nicht nur – wie beim Belt-Konzept – *ein* Agrarprodukt zugrunde gelegt, sondern alle wichtigen Agrarprodukte. Es wird ersichtlich, dass das alte Belt-Konzept nur noch in wenigen Regionen erkennbar ist. Der Nordosten und der Raum um die Großen Seen sind auch heute noch durch Milchviehhaltung geprägt. Der Cotton Belt ist dagegen als Gürtel nicht mehr vorhanden und das ehemalige Weizenanbaugebiet der Great Plains ist eine Region mit Rindviehhaltung sowie Hirse- und Weizenanbau geworden. An der Ostküste sowie in Florida und Kalifornien werden Obst und Gemüse angebaut, was zum einen an der Nähe der großen Metropolen, zum anderen an der Klimagunst und der Bewässerung liegt. Insgesamt ist die heutige US-Agrarlandschaft wesentlich differenzierter als früher.

Räumliche Struktur der US-amerikanischen Agrarwirtschaft zu Beginn der 1990er-Jahre

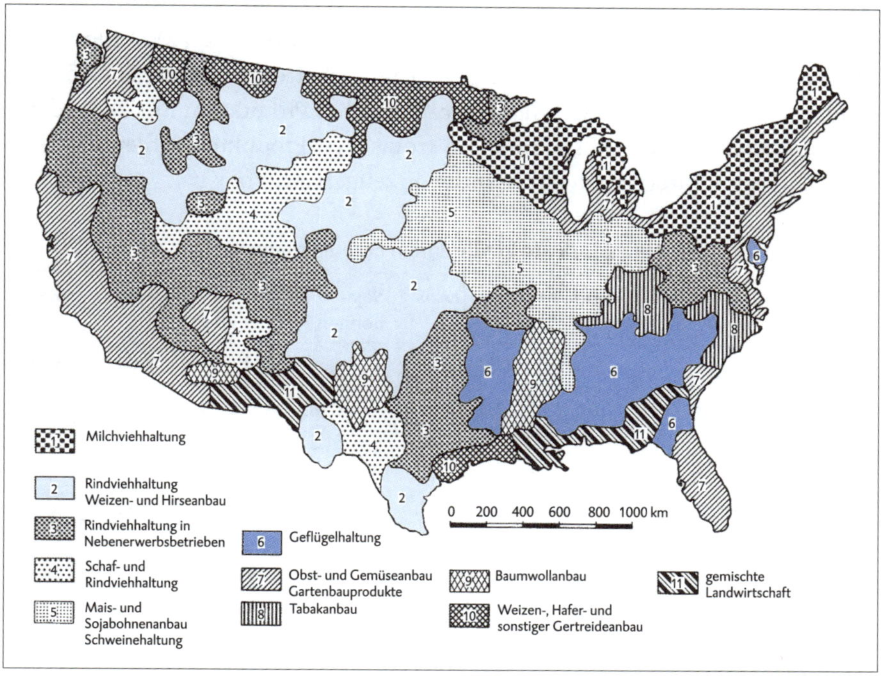

4 Die Stellung der Landwirtschaft in der US-Wirtschaft

Die amerikanische Landwirtschaft bietet lediglich 2,4 % der Beschäftigten der USA einen Arbeitsplatz. Zum Bruttoinlandsprodukt (BIP) steuert die Landwirtschaft sogar nur 0,9 % (2004) bei. Ist ihre wirtschaftliche Bedeutung deshalb gering? Betrachtet man nur den Prozentanteil der Landwirtschaft am BIP und am Bruttonationaleinkommen (BNE), so scheint sie eher eine untergeordnete Rolle zu spielen. Dabei wird aber übersehen, dass auch die Erzeugung von Nahrungsmitteln und agrarischen Rohstoffen mit dem Agrarsektor zusammenhängt. Insgesamt sind in diesem Wirtschaftssektor ca. 20 Mio. Menschen beschäftigt, die immerhin 16 % des BNE erwirtschaften. Das Gewicht der US-Landwirtschaft wird auch deutlich, wenn man ihre Produktion mit der anderer Staaten vergleicht. Mit Ausnahme von tropischen Produkten zählen die USA bei vielen Agrargütern zu den führenden Erzeugerländern.

Produktion wichtiger Agrarprodukte in führenden Erzeugerländern

	Orangen	Baumwollfasern	Weizen	Mais	Sojabohnen	Fleischproduktion	Rinder	Schweine
	2003 in Mio. t						2003 in Mio. St.	
USA	10,5	10,0	63,6	256,9	65,8	38,8	96,1	59,6
Brasilien	16,9			47,8	51,5	18,7	189.5	32,6
Mexiko	4,0			19,7				18,1
China		14,6	86,1	114,2	16,5	71,0	103,5	469,8
Spanien	3,1							
Indien	3,1	7,0	65,1		6,8		187,4	
Pakistan		5,2						
Usbekistan		2,8						
Frankreich			30,6			6,5		
Deutschland						6,6		26,5
Russland			34,1					
Argentinien				15,0	34,8		50,9	

Entsprechend den klimatischen Unterschieden und der räumlichen Verteilung der landwirtschaftlichen Produktionssysteme erwirtschaften die Bundesstaaten der USA unterschiedliche Erlöse auf dem Agrarsektor. Die fünf führenden Staaten in der Agrarproduktion sind (Wert der Agrargüter 2002 in Mrd. US-$):

1. Kalifornien	25,7	4. Nebraska	9,7
2. Texas	14,1	5. Kansas	8,8
3. Iowa	12,3		

Die USA produzieren von vielen Agrargütern mehr als sie selbst verbrauchen und gehören deshalb zu den größten **Agrarexporteuren** der Welt. Dies gilt v. a. für Getreide, Obst (Zitrusfrüchte), Fleisch, Zucker, Ölfrüchte, Futtermittel. Seit vielen Jahren ist die US-Handelsbilanz negativ, d. h. die Importe sind wertmäßig höher als die Exporte. Dies ist v. a. auf eine negative Bilanz bei Industriegütern und mineralischen Rohstoffen zurückzuführen, während der Export von Agrarprodukten den Import übersteigt. Ohne die Überschüsse aus der Landwirtschaft sähe die US-Handelsbilanz noch schlechter aus.

Handelsbilanz der USA bei Agrar- und Industriegütern (in Mrd. US-$)

Jahr	Agrargüter	Industriegüter
1979	18,3	15,6
1983	20,2	–22,2
1987	8,4	–124,6
1991	17,2	–47,3
1995	26,8	–143,0
1999	11,5	–271,1
2004	9,2	–464,4

5 Probleme und Chancen der US-Landwirtschaft

5.1 Probleme durch die Industrialisierung der Produktion

Der Trend zu **Monokulturen** und immer größeren Anbauflächen führte dazu, dass im Frühjahr, zu Beginn der Feldbestellung, riesige Ackerflächen brach lagen. Trocknete der Boden wie in den Great Plains bei ausbleibendem Niederschlag aus, so konnte der Oberboden vom Wind oder bei Starkregen vom abfließenden Wasser abgetragen werden. Als es in den 1930er-Jahren in den Great Plains zu **Dürreperioden** kam, richteten die **Staubstürme** große Schäden an. In der **dust bowl**, wie die Region bald genannt wurde, mussten aufgrund des abgetragenen Oberbodens bis 1939 schätzungsweise 350 000 Familien ihre Farm aufgeben. In Kansas gingen in nur 20 Jahren 25 cm des Oberbodens verloren. Inzwischen können weite Teile der dust bowl wieder landwirtschaftlich genutzt werden. Allerdings wird auch wieder auf großen Flächen Weizen angebaut und im Frühjahr und Herbst besteht bei Dürren die Gefahr der **Bodenerosion**.

Allerdings hat der **Soil Conservation Service** eine Reihe von Schutzmaßnahmen für den Boden ausgearbeitet. Dazu gehören:

- **contour ploughing**: Hierbei wird parallel zu den Höhenlinien gepflügt. So wird das nach Starkregen hangabwärts fließende Wasser gebremst.
- **strip cropping**, z. T. mit Windschutzhecken: Die Felder werden streifenförmig angelegt und mit verschiedenen Feldfrüchten bestellt. Dadurch liegen große Flächen nicht mehr zur selben Zeit brach. Hecken an den Parzellengrenzen brechen den Wind.
- **dry farming**: Auf ein oder zwei Jahre Anbau folgt ein Jahr Brache, bei der zur Regeneration der Bodenfeuchte das Feld gepflügt und gewalzt, aber nicht bestellt wird.
- **Mulchen**: Die Parzellen werden mit einer dicken Schicht aus organischem Material (Grasschnitt, Rinde, Stoppeln) abgedeckt. Mulchen schützt den Boden vor Verdunstung und eignet sich für Brachflächen und Feldfrüchte, die einzeln oder in Reihen stehen.
- **minimum tillage**: Diese Methode wird vor allem bei Getreide angewandt. Stoppelfelder werden nicht mehr umgepflügt, sondern eine spezielle Maschine ritzt Saatrillen in das Feld, sät Samen in die Rillen und deckt sie wieder mit Boden zu. So sind die Felder im Jahresverlauf nicht mehr unbedeckt.

Größere Probleme zeigen sich seit einiger Zeit auch in der Bewässerungslandwirtschaft. Trotz aller Gegenmaßnahmen (z. B. Drainage und Ableitung des Bewässerungswassers nach dem Einsickern in den Boden) kommt es auf einigen Flächen zu **Versalzungen**. Da die meisten Pflanzen wenig salztolerant sind, können die Flächen nicht mehr genutzt werden.

In meernahen Bewässerungsgebieten (z. B. in Kalifornien) kommt es aufgrund des Absinkens des Grundwassers zum Einsickern von Meerwasser in den nun tiefer gelegenen Grundwasserkörper. Eine Versalzung des Grundwassers hat für Mensch und Bewässerungspflanzen fatale Folgen. Diese und die bereits angesprochenen Probleme der **Grundwasserabsenkung** machen die Bereitstellung von Bewässerungswasser immer schwieriger und kostspieliger. In den Great Plains hat der Raubbau am Grundwasser des Ogallala-Aquifers bereits dazu geführt, dass für die Bewässerung von Mais, der im Sommer relativ viel Feuchtigkeit braucht, nicht mehr genügend Wasser zur Verfügung steht. Die Farmer werden nur noch Hirse und Weizen bewässern können, die geringere Wasseransprüche haben. In den nächsten 10 bis 20 Jahren werden weite Teile der Great Plains nur noch als Grasland genutzt werden können.

Hier findet eine **Extensivierung** der Landwirtschaft statt, die zur weiteren Aufgabe von Farmen führen wird, da nur noch die Farmen überleben können, die durch Zukauf oder Pacht über so große Flächen verfügen, dass sie trotz Trockenfeldbau oder extensiver Weidewirtschaft noch gewinnbringend produzieren können. Mit der Zahl der Farmen wird auch die Zahl der Einwohner in den Great Plains langfristig weiter sinken.

Schon im Zeitraum von 1980 bis 1995 haben die Great Plains durch Aufgabe von Farmen und **Abwanderung** viele Einwohner verloren. Dies hat auch für die verbliebene Bevölkerung gravierende Konsequenzen, denn wenn die Einwohnerzahl einer Region unter einen kritischen Wert sinkt, lohnt sich die Aufrechterhaltung von Infrastruktureinrichtungen (z. B. Post, Einkaufszentren, Ärzte) nicht mehr.

Aus dem verstärkten Einsatz von **Agrarchemikalien** ergeben sich ebenfalls Probleme. Dünger und Pestizide gelangen ins Grundwasser und in die Flüsse. So transportiert z. B. der Mississippi eine große Fracht an Agrarchemikalien und setzt diese im Golf von Mexiko ab. Dort führt die **Überdüngung** zum Umkippen des ökologischen Gleichgewichts und zum Abbau von Sauerstoff.

Exkurs: Wasserkrise im Golf von Mexiko verschärft sich

„Die Schuld an dem Umweltfrevel müssen vor allem jene Landwirtschaftsbetriebe auf sich nehmen, die in dem riesigen Einzugsgebiet des Mississippi Jahrzehnte lang ihren Dünger über die Maßen auf die Felder gebracht und damit das Wasser belastet haben. Damit darf sich die Agrarlobby in halb Nordamerika angesprochen fühlen. Denn der Mississippi wird von Zuflüssen aus nicht weniger als dreißig amerikanischen Bundesstaaten gespeist. In der Mündung des größten amerikanischen Stromes ... fließen mittlerweile rund eine Million Tonnen Nitrate jährlich in den Golf von Mexiko. ... Die Folgen sind schwerwiegend. ... In Tiefen von fünf bis dreißig Metern können Tiere dann kaum noch überleben. Als „Todeszonen“ sind diese Gebiete inzwischen in den Vereinigten Staaten bekannt geworden. ... Anfang der neunziger Jahre war das davon betroffene Gebiet vor dem Mississippi-Delta schon etwa 10 000 Quadratkilometer groß. ... Im abgelaufenen Jahr wurde ein neuer trauriger Rekord registriert: Mehr als 20 000 Quadratkilometer Meeresboden zählten 1999 zur „Todeszone“.

Quelle: nach Frankfurter Allgemeine Zeitung, 17. 3. 2000

5.2 Chancen und Perspektiven

Die amerikanische Landwirtschaft hat sich durch Innovationsschübe und ständige Weiterentwicklung in der Agrarforschung und -technologie zu einem leistungs- und zukunftsfähigen Wirtschaftszweig entwickelt. Die erst in Ansätzen umgesetzten Forschungsergebnisse in der **Bio-** und **Gentechnologie** machen deutlich, dass die Agrarproduktion in den nächsten Jahren weiter an Effizienz zunehmen wird. Die **farm-inputs** haben sich in den letzten Jahrzehnten so entwickelt, dass Kostenanteil für Arbeitskräfte zurückging und die Ausgaben für Maschinen und vor allem Chemikalien und Futtermittel stiegen.

Entwicklung der farm-inputs in den USA (Indexwerte, Basis 1977 = 100)

	1960	1970	1980	1990	2006
Arbeitskräfte	206	112	96	76	104
Maschinen/Geräte	83	85	101	73	131
Chemikalien	32	75	123	122	153
Futtermittel	77	96	114	119	146

Weitere Chancen eröffnen sich der US-Landwirtschaft durch Fortschritte in der **Kommunikationstechnologie**. Im United State Departement of Agriculture (**USDA**) werden u. a. mithilfe von Satelliten Informationen über alle landwirtschaftlichen Aktivitäten und agrarökonomischen Fakten in allen Staaten der Welt gesammelt und analysiert. So können z. B. die Auswirkungen von Naturkatastrophen auf Ernten, die erwarteten Erntemengen für wichtige Agrarprodukte und die abzuschätzenden Angebots- und Nachfragemengen sowie die daraus resultierenden Tendenzen bezüglich der Weltmarktpreise prognostiziert werden. Diese Analysen stellt der Economic Research Service (ERS) des USDA den Farmern per **Internet** zur Verfügung. Ebenso können sich die Farmer aus dem Internet von speziellen Gesellschaften (z. B. soybean association) gezielt Informationen zu den Marktchancen einzelner Agrarprodukte besorgen. Mit diesen Informationen können die Farmer rechtzeitig auf Markttrends reagieren und gegebenenfalls auf lukrativere Produkte umstellen.

6 Landwirtschaft in Kalifornien

Der Staat Kalifornien nimmt in der amerikanischen Landwirtschaft eine besondere Stellung ein. Das wird jedem Besucher deutlich, der von den Höhen der Sierra Nevada ins **kalifornische Längstal** hinabfährt. Verlässt man die waldreiche und beinahe kühle Gebirgslandschaft, breiten sich an den sanften Hügeln am Rande des Längstales und in der Ebene verdorrte fahlgelbe bis gelbbraune Grasflächen aus. Sie werden unterbrochen von dunklen Flächen, die aus der Ferne wie Inseln oder große Seen aussehen. Es handelt sich um die **künstlich bewässerten** Anbauflächen für Gemüse und Zitrusfrüchte.

Landwirtschaftliche Produktion Kaliforniens

Produkt	Anteil Kaliforniens an der Gesamtproduktion der USA in %	Rangplatz Kaliforniens in den USA
Mandeln	100	1
Walnüsse	100	1
Brokkoli	90	1
Weintrauben	89	1
Tomaten (industrielle Verarb.)	89	1
Erdbeeren	74	1
Kopfsalat	68	1
Orangen	32	2
Blumen	29	1
Gartenbauprodukte	28	1
Frischtomaten	27	2
Zuckerrüben	22	2
Reis*	21	2
Baumwolle*	20	2
Milch	13	2
Legehennen und Eier	12	1
Puten	11	3
Heu und Luzerne	6	1
Rindfleisch	5	7
Masthähnchen	5	9

* besonders hoher Wasserverbrauch

In Kalifornien, dem drittgrößten Bundesstaat der USA, werden auf einer Fläche von knapp 3 % der landwirtschaftlichen Nutzfläche der USA rund 55 % der gesamten Obst- und Gemüseernte produziert. Bei mehr als 15 bedeutenden landwirtschaftlichen Produkten liegt Kalifornien auf den ersten beiden

Rangplätzen. Ende der 1980er-Jahre lag der Wert aller Agrargüter bei rund 16,5 Mrd. US-$ und damit beinahe doppelt so hoch wie in Texas, das mit gut 9 Mrd. US-$ an zweiter Stelle in der Rangliste folgte. Andererseits gehört Kalifornien weltweit gesehen zu den größten Wasserverbrauchern, obwohl vor allem im südlichen Teil des Landes extremer **Wassermangel** herrscht.

Das Klima zählt zu den wesentlichen Gunstfaktoren. So liegt das kalifornische Längstal im Bereich des **mediterranen** Klimas, das hinsichtlich der Temperaturen ideale Voraussetzungen für die Landwirtschaft bietet. Problematisch ist, dass gerade im südlichen Teil des Längstales natürliche Wasserknappheit herrscht. Diese wird besonders in den Sommer- bis Spätsommermonaten noch durch die mediterrane **Sommertrockenheit** verschärft. Gerade im Spätsommer, wenn der Bedarf an Wasser sehr hoch ist, haben die Flüsse ihr Abflussminimum.

Deshalb ist Kalifornien nur durch massive künstliche **Bewässerung** in der Lage, seine Stellung in der Landwirtschaft innerhalb der USA zu halten. In den letzten Jahrzehnten hat sich Kalifornien zu dem Staat der USA mit der größten künstlich bewässerten Anbaufläche entwickelt. Doch sind den Wasservorräten Grenzen gesetzt. Neben der Landwirtschaft verbrauchen auch die knapp 33 Mio. Einwohner durch das Sprengen der Rasenflächen, die Bewässerung der Golfplätze und die Swimmingpools im Garten große Mengen des kostbaren Wassers. Auch die seit dem Zweiten Weltkrieg stark gewachsene Industrie in Kalifornien benötigt Wasser. Nimmt man alle Verbraucher zusammen, so hat Kalifornien einen täglichen Verbrauch von rund 6 300 Litern Wasser pro Kopf der Bevölkerung (Deutschland 320 Liter). Der Anteil der Landwirtschaft an diesem Gesamtverbrauch liegt bei etwa 80 %.

Bewässertes Maisfeld in Kalifornien

Durchschnittliche Jahresniederschläge in Kalifornien

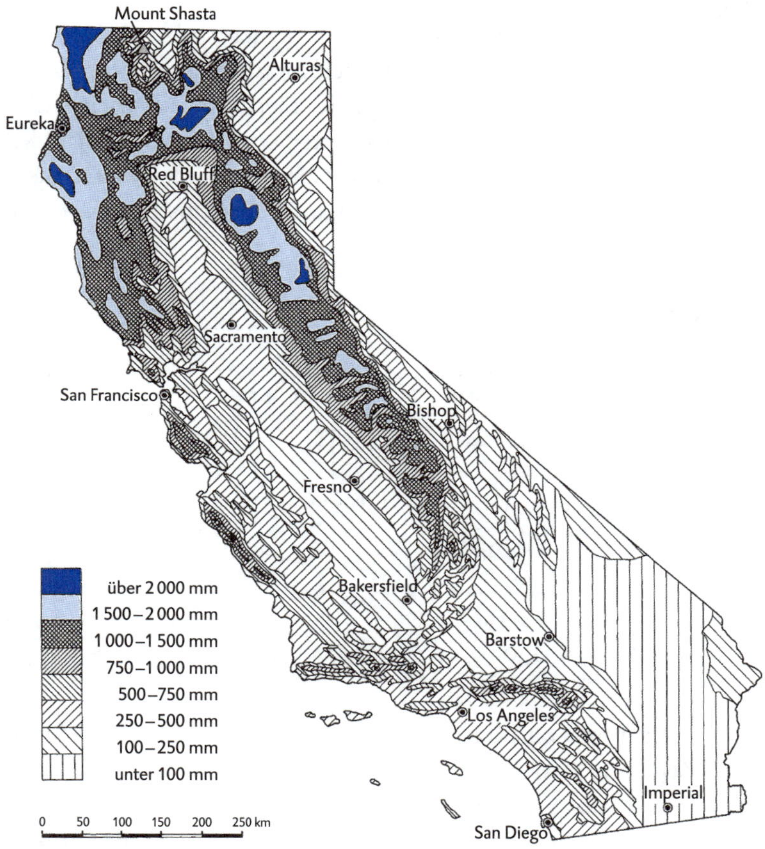

Woher erhält die kalifornische Landwirtschaft ihr Wasser? Das kalifornische Längstal liegt mit seinen Hauptanbaugebieten im Bereich des Regenschattens des Küstengebirges. Erst an den Hängen der Sierra Nevada fallen wieder reichlich Niederschläge. Auch in seiner Nord-Süd-Erstreckung lässt sich Kalifornien im Hinblick auf die jährlichen Regenmengen in zwei Bereiche einteilen. Der **nördliche** Teil verfügt über ausreichende Niederschläge, man kann sogar von einem relativen **Wasserüberschuss** sprechen. Im Gegensatz dazu steht der **Süden**, der im Vergleich zum Angebot einen wesentlich **höheren Wasserbedarf** hat. Etwa 70 % des Wasserangebots in Kalifornien stehen im Norden zur Verfügung, nur rund 30 % im Süden. Umgekehrt ist es mit dem Verbrauch. Während der Norden nur 20 % verbraucht, sind es in Südkalifornien 80 %.

Bereits um 1900 trat in Los Angeles ein Engpass bei der Wasserversorgung auf. Die Brunnensysteme reichten für die Versorgung nicht mehr aus und man ging daran Wasser aus niederschlagsreicheren Gebieten über **Kanäle** heranzuführen. So wurde bereits 1913 die Wasserleitung aus dem Owens Valley nach Los Angeles fertig gestellt, die Wasser aus der Sierra Nevada nach Südkalifornien transportiert. In den folgenden Jahrzehnten wurde das System an Kanälen und **Stauseen** zur Sicherung der Wasserversorgung immer weiter ausgebaut. Das Wasser wird v. a. aus drei Gebieten herangeführt, aus der Sierra Nevada, Nordkalifornien und dem Columbia River.

Klimadiagramm Mount Shasta und Fresno

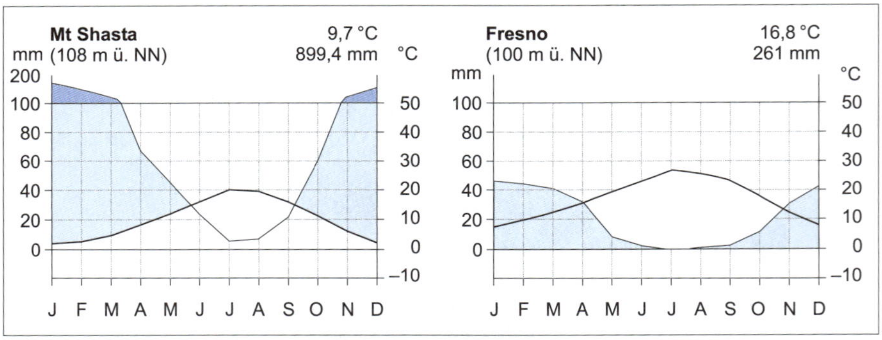

Trotz aller Maßnahmen der letzten Jahrzehnte ist absehbar, dass die Sicherstellung des Wasserangebots nicht nur in Dürrejahren an Grenzen stößt. Die Bevölkerung in Nordkalifornien ist wenig begeistert über die Verschwendung von Wasser im südlichen Teil des Landes. Vor einigen Jahren wurden Pläne bekannt, Wasser aus Alaska oder aus British Columbia über mehrere tausend Kilometer bis in den trockenen Südwesten der USA zu transportieren. Dieses **NAWAPA-Projekt** (North American Water and Power Alliance) sah vor, den Yukon und den Peace River anzuzapfen und das Wasser über Pipelines, den Fraser und den Columbia River nach Süden zu leiten. Biologen und Naturschützer protestierten und warnten davor, den Yukon zum Rinnsal zu machen.

Leeres Bewässerungsreservoir im Sommer in Kalifornien

Immer wieder stellen auch Dürrejahre die Landwirtschaft vor große Probleme. Vor allem in den Jahren 1975–1977 und 1987–1989 zeigte es sich, dass die Wasserversorgung keineswegs auf sicheren Füßen steht. Daher wird auch diskutiert, ob z. B. Meerwasser-**Entsalzungsanlagen** Abhilfe schaffen können. Die künstliche Bewässerung in Kalifornien führt zu **Bodenversalzung**. Durch das Wasser werden im Boden Mineralien gelöst. Bei starker Verdunstung kristallisieren diese Mineralien an der Oberfläche aus und führen auf Dauer zur Vernichtung des Bodens. Um das weitgehend auszuschließen, führt man den Bewässerungsflächen mehr Wasser zu als die Pflanzen selbst benötigen. Die im Boden gelösten Salze werden so abtransportiert. Das Drainagewasser wird in Reservoirs aufgefangen. Geplant war, dieses Wasser über Pipelines in die Bucht von San Francisco zu leiten. Als Biologen jedoch in einem dieser Reservoirs im Westlands Water District ein Fisch- und Vogelsterben feststellten, wurde das Vorhaben gestoppt. Man fand heraus, dass neben den Mineralsalzen auch Selen durch das Wasser gelöst wurde. Selenverbindungen wie Selendioxid, Selensäure und vor allem Selenwasserstoff sind hoch giftig. Die Landwirtschaft kann nun ihr Drainagewasser nicht mehr ableiten.

Da auch das herangeführte Wasser nicht immer zur Bewässerung ausreicht, wird in großem Umfang auf Grundwasser aus Tiefbrunnen zurückgegriffen – mit enormen Auswirkungen auf den **Grundwasserspiegel**. Es gilt als erwiesen, dass in Kalifornien das Grundwasser jährlich um durchschnittlich 15 cm absinkt, in einigen Regionen in den letzten 50 Jahren um mehr als 25 Meter.

Es ist zu prüfen, ob es sinnvoll ist, in semiariden oder ariden Gebieten derart große Mengen an Wasser zu verschwenden. Durch **Tiefenversickerung** oder **Evapotranspiration** gehen große Mengen an Wasser ungenutzt verloren[4]. Kein anderer Wasserverbraucher arbeitet mit solch hohen Verlusten wie die Landwirtschaft. Gerade im bevölkerungsreichsten Bundesstaat Kalifornien mit seinen Ballungszentren und seinem Intensivanbau müssen ökonomische Vorteile und ökologische Folgen neu überdacht werden.
Bei der Betrachtung der wirtschaftlichen Stellung der kalifornischen Landwirtschaft dürfen die **Arbeitskräfte** nicht unbeachtet bleiben. Ohne die **Hispanics**, die legal oder illegal in die USA eingewanderten Mexikaner, Mittel- oder Südamerikaner, wären die Erfolge der Landwirtschaft nicht denkbar. Sie werden als billige, willige und gute Arbeitskräfte von den Farmern oder den Agro-Business-Firmen gern gesehen. Tariflöhne, soziale Absicherung, Mindestlöhne oder Urlaubsregelungen sind bei der Beschäftigung von Hispanics Fremdwörter. Die Beschäftigung beschränkt sich in der Regel auf einen periodischen Einsatz während der Erntezeiten.

Die Beschäftigten selbst sind dennoch froh, einen „Job" zu haben. Ihre Arbeitsbedingungen sind hart. Eine Arbeitszeit von 12 Stunden am Tag ist die Regel. Erdbeerpflücker verdienten z. B. 1996 rund 8 000 US-$ im Jahr, wobei sich die Löhne in den zehn Jahren vorher kaum verändert hatten. Der Lohn reicht selten für eine richtige Wohnung, daher lebt man oft in Hütten oder alten Wohnwagen. Gepflückt wird zumeist im Akkord. Viele Pflücker haben Rückenleiden. 80 % der Arbeiter sind unter 30 Jahre alt. Die amerikanische Regierung und vor allem die Gewerkschaften sehen dies zwar nicht gern, konnten aber bisher keine wirksamen Sanktionen durchsetzen.

4 G. Krzemin weist in ihrer Veröffentlichung über die Strukturen und Probleme des Bewässerungsfeldbaus in den USA nach, dass 1980 allein durch diese Vorgänge rund 55 % des in der US-Landwirtschaft eingesetzten Wassers verloren gingen.

Wirtschaft

1 Industrialisierung

1.1 Bodenschätze

Die USA verfügen über umfangreiche Lagerstätten an Bodenschätzen. Sie sind in der Lage, rund zwei Drittel des Industriebedarfs aus eigenen Vorräten zu bestreiten. Am günstigsten ist die Versorgungslage bei den Rohstoffen zur Energiegewinnung. Hier wird ein Deckungsgrad von etwa 88 % erreicht. In der Vergangenheit war bei den Energierohstoffen eine weitgehende Unabhängigkeit von Importen gegeben. Aufgrund der Terrorgefahr – ausgelöst durch den 11. September 2001 – und die Naturkatastrophen der letzten Jahre werden vor allem Rohölprodukte zu günstigen Preisen auf dem Weltmarkt eingekauft, um die eigenen Vorräte zu schonen. Trotz eigener Vorkommen werden auch Rohstoffe wie Kupfer, Bauxit und Eisenerz in größeren Mengen importiert.

Vorkommen und räumliche Verteilung der Rohstoffe in den USA

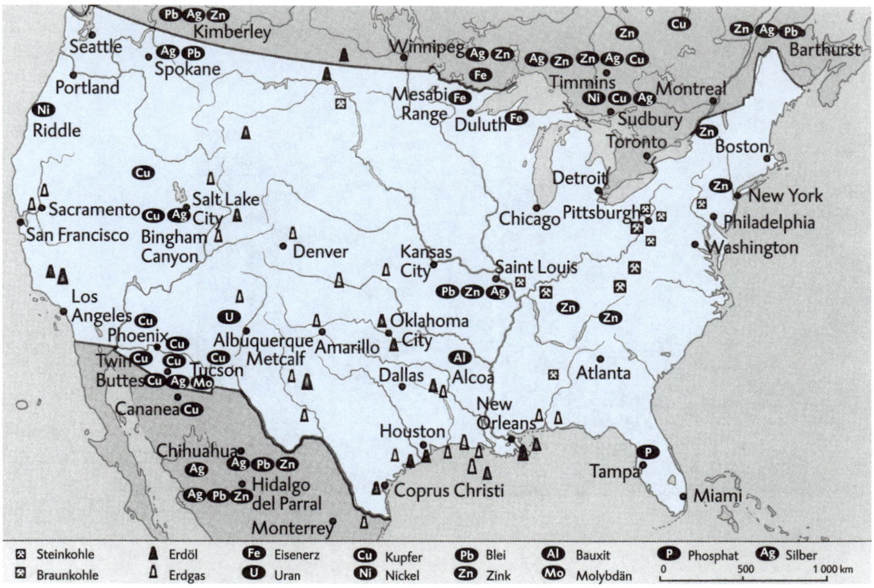

Bei den Stahlveredlern Chrom, Nickel, Mangan, Kobalt, Vanadium sind die Vereinigten Staaten auf erhebliche Einfuhren angewiesen, wobei sich die weltweiten Vorkommen auf wenige Lieferländer konzentrieren.

Ausgewählte Bergbauprodukte, Fördermengen und Weltrangplatz der USA (2003)

Produkt	Rang	Fördermenge	Weltförderung
Blei	3	0,449 Mio. t	2,987 Mio. t
Eisenerz	7	48,50 Mio. t	1066,30 Mio. t
Kupfer	3	1,116 Mio. t	14,10 Mio. t
Zink	5	0,738 Mio. t	9,33 Mio. t
Gold	2	276,893 t	2469,421 t
Silber	6	1239 t	18834 t

Beim Abbau der vorhandenen Bodenschätze gehen die USA bis heute nach rein wirtschaftlichen Interessen vor. Steigen die Produktionskosten wegen schwierigerer Abbaubedingungen oder aufgrund eines höheren technischen Aufwandes über den Weltmarktpreis und damit über die Importkosten, werden Betriebsstätten aufgegeben. Vor allem bei der Erdölförderung setzte sich diese Vorgehensweise bis in die 1920er-Jahre durch, manche Lagerstätten wurden lediglich zu einem Fünftel ausgebeutet.

Bei den Bodenschätzen zeigen sich regionale Schwerpunkte. So befinden sich die meisten **Steinkohle**vorkommen in den Appalachen und in Wyoming.

Kupfererz-Tagebau südlich von Tucson, Arizona

In Texas, North Dakota, Mississippi, Montana, Wyoming und Colorado lagern ausgiebige **Braunkohle**vorräte. **Erdöl-** und **Erdgas**vorkommen gibt es vor allem in den Südstaaten Texas, Louisiana und Mississippi sowie in Kalifornien. Die **Eisen**vorräte liegen schwerpunktmäßig in der Mesabi Range, bedeutende **Kupfer**vorkommen im Süden von Arizona, Neumexiko und Utah.

1.2 Die Anfänge der Industrialisierung

Der Beginn der Industrialisierung in den Vereinigten Staaten geht auf den **Baumwollanbau** in den Südstaaten zurück. Ein junger Mann namens Eli Whitney erfand im Jahre 1792 eine Maschine, die Baumwollsamen von den Baumwollfäden trennen konnte, was bis dahin nur in mühevoller Handarbeit von den Sklaven geleistet werden konnte. Als Folge davon wurden mehr Arbeitskräfte für die Arbeit auf den Baumwollfeldern frei, sodass die Produktion erheblich gesteigert werden konnte. Dies lief parallel mit dem industriellen Aufschwung in England, sodass dort ein starker Anstieg des Bedarfs an Rohbaumwolle zu verzeichnen war. Im Jahre 1800 erhielt Whitney einen Großauftrag zur Lieferung von 10 000 Musketen. Als einen wesentlichen Schritt hin zur Industrialisierung führte er im Zusammenhang mit diesem Auftrag ein unentbehrliches Grundprinzip für die **Massenproduktion** ein: das Herstellen von standardisierten Einzelteilen. Damit war es möglich, defekte Einzelteile an einem Produkt durch vorgefertigte Ersatzteile auszutauschen.

Der Raum zwischen Boston und Philadelphia war mit seiner **Textil-**, **Werft-** und **Kleineisen**industrie die Keimzelle der nordamerikanischen Industrielandschaft. Die weitere Entwicklung führte schließlich zum größten Industriegebiet der Erde, dem **Manufacturing Belt**.

Ein weiterer Meilenstein auf dem Weg zur Industrialisierung war die Entdeckung von **Kohle-** und **Eisen**vorkommen im Großraum Pittsburgh. Darauf aufbauend entwickelte sich nach 1820 die **Eisen-** und **Stahl**industrie in dieser Region. Parallel dazu muss der Ausbau des **Verkehrswesens** genannt werden, das für die Weiterentwicklung der Industrie von großer Bedeutung war. Schon bald nach Beginn der weiteren Erschließung der USA über die Appalachen hinaus zeigte sich, dass die Farmer in den neu erschlossenen Gebieten Absatzprobleme aufgrund mangelnder Absatzmärkte in erreichbarer Nähe hatten. Dieses Problem verbesserte sich erst durch einige Erfindungen und deren Umsetzung in verkehrspolitische Maßnahmen. 1807 hatte Robert Fulton das erste mit einer Dampfmaschine angetriebene **Schiff** auf dem Hudson vorgestellt. 1825 wurde der **Eriekanal** eröffnet, die Verbindung zwischen den Großen Seen und dem Hudson. Seit 1823 hatte die **Dampflokomotive** Einzug in Amerika gehalten und leitete damit eine Revolution des Landverkehrs ein. Erst durch den zügigen Ausbau des **Eisenbahnnetzes** war es möglich, die Produkte der sich entwickelnden Industrie an der Ostküste, wie Werkzeuge und Maschinen, in großen Mengen in den Westen zu schicken und umgekehrt die stark besiedelte Ostküste mit Farmprodukten aller Art in beliebiger Menge zu versorgen.

2 Der Manufacturing Belt

Einer der größten industriell geprägten Wirtschaftsräume der Erde liegt im Nordosten der USA, der **Manufacturing Belt**. Seine Eckpunkte werden markiert durch die Städte Boston und Baltimore an der Atlantikseite, St. Louis im Südwesten am Mississippi und Milwaukee im Nordwesten am Michigansee. Die nördliche Grenze verläuft ungefähr entlang des Erie- und des Ontariosees. Die Industriezone Montreal-Toronto auf kanadischer Seite kann mit einbezogen werden, wenn man den Manufacturing Belt räumlich Nordamerika zuordnet und nicht nur die politische Zugehörigkeit zu den USA betrachtet.

Der Manufacturing Belt

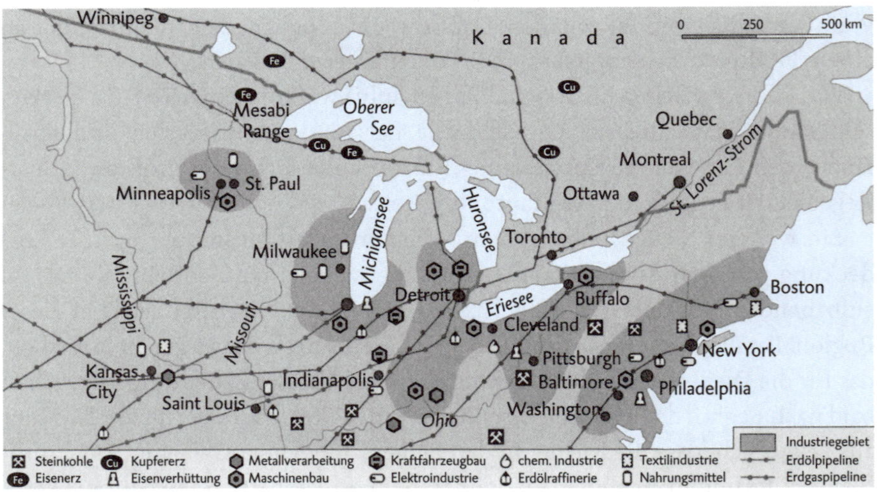

Flächenmäßig nimmt der Manufacturing Belt etwa 11 % der Gesamtfläche der USA ein. Ca. 35 % der Einwohner und etwas mehr als 40 % der nicht in der Landwirtschaft beschäftigten Personen leben derzeit in diesem Raum. Der Anteil der Arbeitsplätze in der **Metall**verarbeitung, **Auto-** und **Elektro**industrie, **Maschinenbau**, **Eisen-** und **Stahl**industrie liegt bei etwa zwei Dritteln der USA. Ungefähr die Hälfte der industriellen Wertschöpfung des Landes wird in diesem Raum erwirtschaftet.

2.1 Die erste Industrialisierungsphase

Der Beginn dieser ersten Industrialisierung lag in den **Neuenglandstaaten** (Pennsylvania, New Jersey, Delaware, New York, Connecticut, Rhode Island, Massachusetts, New Hampshire, Maine und Vermont). Sie bildeten etwa bis 1850 das **Zentrum** der **industriellen Produktion** der USA. In den überwiegend ländlichen Gebieten entwickelte sich eine Konsumgüterindustrie, vor allem die **Textil**industrie. Für sie waren alle wichtigen Standortfaktoren vorhanden: Rohstoffe (Wolle als Produkt der Schafzucht; Baumwolle aus den Südstaaten), Energie (Wasserkraft der Flüsse), qualifizierte Arbeitskräfte (Einwanderer aus Europa).

Die großen Küstenstädte dagegen lebten vom **Handel**. Auf der anderen Seite waren diese schnell wachsenden Städte aber auch willkommene Absatzmärkte für die Produkte der Textilindustrie. Aufgrund der niedrigeren Produktions- und Arbeitskosten verlagerte sich in der Zeit zwischen 1880 und 1920 die Textilindustrie in die Südstaaten. Zusätzlich entwickelten sich in den Städten industrielle Standorte vor allem für Möbel, Lederwaren, Metallwaren und Maschinen. Diese Produkte wurden nicht nur auf den regionalen Märkten umgesetzt; sie fanden auch Abnehmer im Mittelwesten und in den Südstaaten. Die aufkommende Werft- und Kleineisenindustrie in den Küstenstädten rundete diese erste Phase der Industrialisierung ab.

2.2 Die zweite Industrialisierungsphase

Die Eisen- und Stahlindustrie entwickelte sich in den Jahren nach 1820. Die Produktion der ersten Eisenschmelzen basierte auf der Verwendung der Holzkohle. Die einzelnen Produktionsstätten lagen weit verstreut in den Waldgebieten der Appalachen. Hier fand sich auch der Rohstoff für die Holzkohlemeiler. Um die Mitte des 19. Jahrhunderts entwickelte sich die Verhüttung von Eisenerzen auf der Basis von Kokskohle. Beide Produkte, **Erz** und **Kohle**, wurden in den Appalachen in der gleichen Region gefunden. Somit kam es zu einer Konzentration der **Eisen-** und **Stahl**industrie an den Bergbaustandorten im Appalachenplateau (Raum **Pittsburgh**). Weiterhin bildeten sich Zentren an den verkehrsmäßig günstig gelegenen Großen Seen (Chicago und Cleveland) und im Bereich von Eisenerzvorkommen am Oberen See (Duluth).

Aufgrund der auch zu dieser Zeit einsetzenden **Masseneinwanderung** und der weiterhin stark zunehmenden Industrialisierung des Landes entwickelten sich zahlreiche städtische Industriestandorte im Nordosten der USA. Die Nachfrage nach **Stahl** nahm enorm zu. Die weitere Erschließung des Landes machte den Bau von immer mehr **Eisenbahn**linien dringend erforderlich. Nur so war es möglich, die neuen Siedlungsräume im Westen vor allem mit landwirtschaftlichen Maschinen und Geräten in ausreichender Zahl zu versorgen. Weiterhin erschlossen sich für die Industriebetriebe durch die Bahn entfernt liegende Rohstoffquellen.

So verlängerte sich das Streckennetz der Eisenbahn in der Zeit von 1860 bis 1890 um rund 200 000 Kilometer. Stahllieferant war in erster Linie Pittsburgh. Sowohl der zunehmende **Brückenbau** als auch der seit etwa 1880 einsetzende **Hochhausbau** verlangten immer mehr Stahl.

Seit man nicht mehr an die Wasserkraft als Energieträger gebunden war, sondern die durch Kohle angetriebenen **Dampfmaschinen** in allen Bereichen der Industrie eingesetzt wurden, rückten die industriellen Produktionszentren immer dichter zusammen. Vor allem die Nähe der Kohletransportwege, d. h. Schifffahrtskanäle und Bahnlinien, waren bevorzugte Standorte.
Die Nachfrage nach Industriegütern kam aus vier Bereichen:

- **private Haushalte** (Möbel, Fenster, Türen, Wagen, gusseiserne Herde etc.),
- **kommunale Nachfrage** zwecks Verbesserung der Infrastruktur (Bauholz, Ziegel, Nägel, Wasserrohre, Glas etc.),
- **Nutzung natürlicher Ressourcen** (Weiterverarbeitung landwirtschaftlicher Produkte, landwirtschaftliche Maschinen, Pflüge, Draht für die Farmen),
- **Handel** (Kisten, Fässer, Papier etc.).

Pittsburgh war in der zweiten Hälfte des 19. Jahrhunderts zum unangefochtenen Zentrum der Kohle-, Eisen- und Stahlindustrie geworden. Nicht zuletzt führten das günstige Zusammentreffen von Eisenerzvorkommen am oberen Ohio und die mächtigen Kohlevorkommen bei Pittsburgh zu diesem Erfolg. Zudem stehen die Kohleflöze in einer Mächtigkeit von 2 m bis zu über 5 m an, während im Ruhrgebiet in der Regel kaum 2 m erreicht werden. Außerdem verlaufen die Flöze annähernd waagerecht und weisen keine Verwerfungen auf. Die Deckschicht ist nicht sehr dick. Aufgrund des Reliefs streichen die

Flöze teilweise an Hängen oberhalb des Talgrundes aus. Die Kohle konnte im **Tagebau** gefördert werden, was zu gewaltigen Einsparungen bei der Förderung führte.

Neben den im Raum Pittsburgh vorhandenen Bodenschätzen trugen auch die bevölkerungspolitische Situation und die geschichtliche Entwicklung in den anderen Räumen zu diesem Erfolg bei. Der mittlere Westen und auch die Südstaaten waren zu dünn besiedelt, als dass sich hier größere Industriezentren hätten herausbilden können. Die Nachfrage nach Gütern für den regionalen Markt war nicht ausreichend. Weiterhin besaßen die Sklaven in den Südstaaten keine oder kaum Kaufkraft, die eine Industrialisierung vorangetrieben hätten. Nicht zuletzt behinderten auch die Bürgerkriege eine bedeutendere Industrieentwicklung.

2.3 Der Manufacturing Belt im 20. Jahrhundert

Pittsburgh besaß und besitzt auch heute noch genügend Kohle. Die Erzvorkommen in der Nähe gingen jedoch bald zur Neige. Man hatte aber hochwertiges Eisenerz in der Mesabi Range (westlich des Oberen Sees) entdeckt und baute dies ab. Zunächst transportierte man das Erz per Bahn oder Schiff nach Pittsburgh. Doch schon bald entwickelten sich in der Nähe der Erzfundorte neue **Schwerindustriezentren** (z. B. Duluth am Oberen See für die Eisenindustrie oder Cleveland am Erie-See als Stahlstandort). Grund dafür war eine neuere, sparsamere Hochofentechnik. Neue Hochöfen verbrauchten deutlich weniger Koks. Der Standortvorteil Kohle verlor an Bedeutung.

Nach 1900 verlagerte sich der industrielle Schwerpunkt vom Kohleabbau und der Eisen- und Stahlindustrie hin zum **Werkzeugmaschinenbau**, zu den Anfängen einer **chemischen** Industrie und dem Bau von **Elektroanlagen**. Einen markanten Einschnitt in der Industrieentwicklung bildete die Einführung der **Fließbandproduktion** durch Henry Ford. Das Zeitalter der Massenproduktion hatte begonnen. Durch steigendes Einkommen ergab sich eine wachsende Nachfrage nach industriellen Gütern zu bezahlbaren Preisen.
In den ersten 25 Jahren des 20. Jahrhunderts vollzogen die USA den Übergang von der **Agrar-** hin zur **Industriegesellschaft** mit stetig wachsendem Massenkonsum. Neue Erfindungen und Produkte wie langlebige Haushaltsgüter, Autos, Flugzeuge und viele Luxusartikel kennzeichneten die Produktionspalette dieser Zeit. Im Jahr 1920 überflügelte die Zahl der in der Industrie beschäftigten Erwerbspersonen die Zahl derer in der Landwirtschaft.

Der Manufacturing Belt ist keine in sich geschlossene Industrielandschaft. Insgesamt haben sich vier große Räume mit unterschiedlichen Industriekonzentrationen herausgebildet:

- der Verstädterungsraum zwischen Boston und Washington D. C. mit rund 40 Mio. Einwohnern, auch als „**Megalopolis**“ bezeichnet, mit einer Schwerpunktbildung im Bereich der Leicht- und Veredelungsindustrie;
- der **Großraum Pittsburgh** mit dem Schwerpunkt im montanen Bereich;
- der Raum **Detroit** mit Maschinen- und Fahrzeugindustrie;
- der Raum **Milwaukee / Chicago** mit Stahl-, Maschinen- und Elektroindustrie und Lebensmittelproduktion.

Weitere wichtige Zentren sind Cincinnati, Indianapolis und St. Louis mit einer gemischten Industriestruktur.

3 Veränderung von Strukturen und Standorten

3.1 Die Eisen- und Stahlkrise

Galt lange Zeit der Grundsatz, dass das Eisenerz zur Kohle transportiert wurde, weil man ungefähr die doppelte Menge Kohle gegenüber Erz brauchte, verblasste der Standortvorteil der Kohle durch die neuen Hochöfen. Heute wird nur noch etwa halb so viel Kohle wie Erz benötigt. Durch staatliche Steuerungsmaßnahmen wurde der Stahlpreis in Pittsburgh anfänglich für eine gewisse Zeit gestützt.

Während des Zweiten Weltkriegs erlebte die Eisen- und Stahlproduktion im Manufacturing Belt durch die **Rüstungsindustrie** nochmals einen Aufschwung. Dennoch wurde während dieser Zeit auch schon die Basis für die späteren Probleme gelegt. Aus militärstrategischen Gründen wurden während des Krieges auch an vielen anderen Orten der USA neue Betriebe der Schwer- und Rüstungsindustrie errichtet. Als nach Ende des Krieges die Industrie schnell wieder auf die Produktion ziviler Güter umschaltete, machten diese neuen Industriestandorte dem klassischen Raum schwere Konkurrenz.

Neue Techniken in den weiterverarbeitenden Industrien ließen den Stahlverbrauch stark zurückgehen. So wurden beispielsweise die Autobleche dünner ausgewalzt. Gerade im Automobilsektor wurden vermehrt die neuen, gegenüber Stahl leichteren, preiswerteren und leichter zu verarbeitenden **Kunststoffe** eingesetzt. Die **Keramik** gewann ebenfalls an Bedeutung.

All das wirkte sich auch auf die Industrie im Manufacturing Belt aus. So erreichte im Jahr 1973 die Stahlproduktion mit 140 Mio. t einen absoluten Höchststand. Innerhalb weniger Jahre Produktion rapide (1982: 67 Mio. t). Sie stieg zwar in den Folgejahren beständig leicht an und erreichte Mitte der 1990er-Jahre wieder rund 90 Mio. t. Dennoch konnten die alten Standorte durch die Produktionssteigerung nicht wiederbelebt werden.

Als Folge nahm die Zahl der Erwerbslosen stark zu und Teile der Bevölkerung fielen mit ihrem Einkommen unter die Armutsgrenze. Die Wirtschaftskrise führte in Teilen der Innenstädte zu **Slumbildung**, da durch rückläufige Einnahmen nicht mehr genug Kaufkraft und auf Unternehmerseite nicht genug Investitionskraft vorhanden waren. Dies endete in der **Abwanderung** von Teilen der Bevölkerung.

Entwicklung der Wohnbevölkerung ausgewählter Großstädte

Stadt	1900	1950	1995	2005
Los Angeles	102 500	1 801 300	3 500 000	3 844 829
Houston	44 600	596 200	1 710 000	2 016 582
San Diego	17 700	334 400	1 160 000	1 255 540
Dallas	42 600	434 500	1 100 000	1 213 825
San Antonio	53 300	408 400	1 000 000	1 256 509
Phoenix	5 500	106 800	1 100 000	1 461 575
Detroit	285 700	1 849 600	995 000	866 671
Philadelphia	1 294 000	2 071 600	1 520 000	1 463 281
New York	3 450 000	7 892 000	7 400 000	8 143 197
Chicago	1 698 000	3 621 000	2 750 000	2 842 518

3.2 Neue Produktionsstätten

Etwa bis zum Beginn des Zweiten Weltkriegs ließen sich die Vereinigten Staaten in drei große Wirtschaftsräume unterteilen:

- der **industriell** geprägte **Nordosten**;
- der **landwirtschaftlich** ausgerichtete **Mittelwesten**;
- der **industriearme Südosten**.

Seit den 1940er-Jahren zeichnet sich eine allmähliche Auflösung dieses festen Gefüges ab. Als erstes wanderte die Textilindustrie ab. Sie verließ ihre Produktionsstandorte in den Neuenglandstaaten und verlagerte die Produktionsstätten in den Süden. Hier spielte nicht nur die Rohstoffnähe eine Rolle, auch das Lohnniveau lag im Süden deutlich niedriger als in Neuengland. Die Südstaaten verfügten über ein großes Potenzial an ungelernten und daher billigen Arbeitskräften. Die Unternehmen versprachen sich weniger Ärger, da die Gewerkschaften dort nicht so stark etabliert waren wie im industriellen Nordosten. Steuererleichterungen durch die Gemeinden, die an einer Industrieansiedlung interessiert waren und Zuschüsse zu Investitionen lockten Firmen an. Nicht zuletzt lagen die Energiekosten im Süden durch die günstige Energie aus den Wasserkraftwerken der Piedmont-Region wesentlich niedriger.

In den 1950er-Jahren vollzog sich in den USA ein weit reichender Prozess wirtschaftlicher und gesellschaftlicher Veränderungen. Die USA wandelten sich nach 150 Jahren produktionsorientierter Industriegesellschaft zu einer **Dienstleistungs-** und **Kommunikationsgesellschaft**, was sich auch auf die Industriestruktur auswirkte. Im Jahr 1950 arbeiteten etwa gleich viele Personen in der Güterproduktion und im Dienstleistungsbereich. 1960 hatte sich der Anteil der Erwerbstätigen im Dienstleistungssektor auf etwa 60 % erhöht, 1994 erreichte dieser bereits 74 %.

Dieser Prozess, den alle Industrienationen weltweit durchlaufen, bildete sich in den USA schon sehr früh heraus. Parallel dazu setzte eine einschneidende strukturelle Veränderung ein. In den Bereichen Nahrungsmittel, Spinn- und Webwaren, Bekleidung, Lederverarbeitung und Rohmetalle nahm die Beschäftigtenzahl deutlich ab, während in den Bereichen Druckerei, Druckereierzeugnisse, Kunststoffe und Instrumentenbau ein Zuwachs zu verzeichnen war. Vor allem das klassische **industrielle Kernland** der USA, der Manufacturing Belt, war hiervon betroffen. Noch bis in die 1960er-Jahre gingen Innovationen von dieser Region aus und neue Produkte wurden hier gefertigt. Danach wurde die Produktion meist aus Kostengründen in neu gegründete Zweigwerke im Süden und Westen der USA zur Massenfertigung verlagert.

Etwa zur gleichen Zeit setzte ein allgemeiner Aufwärtstrend in der Wirtschaftsentwicklung dieser Regionen ein. Es kam zu zahlreichen Neugründungen von Industriestandorten außerhalb des Manufacturing Belts. Die Schwerpunkte lagen vor allem in den Wachstumsbranchen der neuen Industrien, die nicht mehr auf Kohle und Stahl basierten. Dazu zählen die **petrochemischen** Industrien mit ihren Schwerpunkten in Texas und Louisiana sowie alle Bereiche der **Luft-** und **Raumfahrt** mit den bekannten Standorten Houston in Texas und Cape Canaveral in Florida. Die Gründe hiefür sind nicht zuletzt in der erbitterten Auseinandersetzung der USA mit der damaligen UdSSR um die Vorherrschaft im Weltraum zu suchen. Außerdem wurden **Elektronikbetriebe** angesiedelt, ohne die eine moderne Luft- und Raumfahrt nicht möglich wäre. **Forschungseinrichtungen** im Bereich der Rüstungs- und Verteidigungsindustrie bezogen ebenfalls außerhalb des Manufacturing Belt Standorte: in den Staaten North Carolina, Georgia, Florida und Kalifornien.

Neue Industrien sind zunächst nicht unbedingt an einen festen Standort gebunden, da in der Regel kein Standort alle Wünsche der Firma erfüllen kann. Bei einem neuen Industriezweig mit einem neu entwickelten Produkt kann die Wahl durchaus nach lokalen Zufälligkeiten ausfallen. Erst im Verlauf einiger Jahre nach der Gründung wird es zu einem **Konzentrations-** und **Spezialisierungsprozess** kommen. Dieser wird Einflüsse auf die regionalen Absatz-, Arbeitsmarkt-, Kapitalmarkt-, Material- oder Technologie-Verflechtungen nehmen. Das hat zur Folge, dass sich lokale und regionale Arbeitsmärkte, Bildungssysteme, kommunale oder regionale Infrastrukturmaßnahmen, Zulieferernetze, selbst politische Institutionen auf diese Branchen ausrichten.

Standortverlagerung der Industriebetriebe in den USA

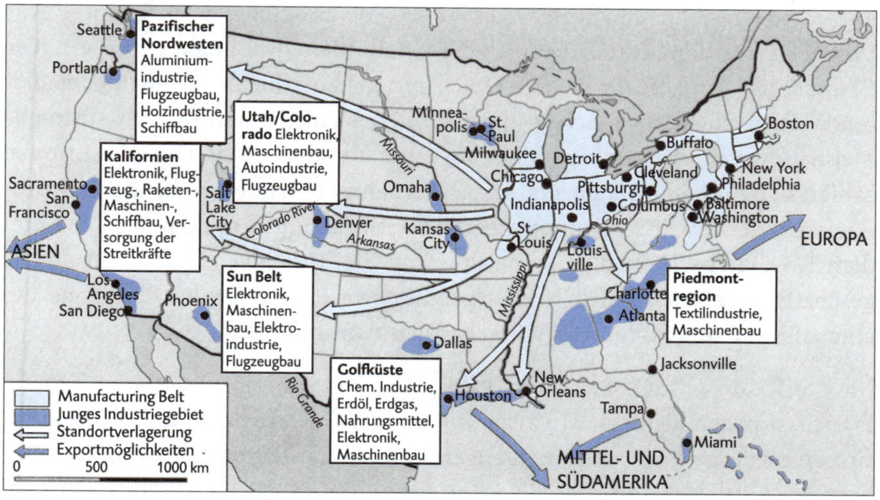

Im Südosten der USA, vor allem in den Staaten Alabama, Georgia, North und South Carolina, haben sich **regionale Produktionszentren** herausgebildet.

An **zwei Beispielen** sollen unterschiedliche Modelle aufgezeigt werden.
In **North Carolina** liegen die drei Universitäten Chapel Hill, Raleigh und Durham dicht beieinander. Einerseits um zu verhindern, dass qualifizierte Arbeitskräfte abwandern, andererseits um die Industriestruktur zu diversifizieren, gründete man bereits 1959 genau im geometrischen Mittelpunkt der Städte den **„Research Triangle Park“** (RTP). Dabei handelte es sich um einen 2 600 ha großen **Forschungspark**. Auf dem Gelände sollten Industrien angesiedelt

werden, die emissionsfrei arbeiteten und deren Arbeitsschwerpunkt in der Forschung lag. Seinen entscheidenden Durchbruch hatte der Park Mitte der 1960er-Jahre, als sich die Firma IBM und die Environment Protection Agency (EPA) im RTP ansiedelten. Sie waren Vorreiter für weitere Ansiedlungen. Zu Beginn der 1990er-Jahre war die Zahl der Industrie- und Dienstleistungsbetriebe auf über 100 angestiegen. Mit zunehmender Verdichtung des RTP zeigte sich eine deutliche **Spezialisierung** der Branchen in den Bereichen Medizin, Chemie, Biologie und Elektronik. Dieses Modell war in den USA Weg weisend und hat auch in Europa zahlreiche Nachahmungen gefunden.

Das zweite Beispiel ist völlig anders gelagert: Östlich der Appalachen verläuft die Interstate 85 von Richmond nach Montgomery. Entlang dieser Autobahn, besonders im Abschnitt **Greenville-Spartanburg** in **South Carolina**, haben sich im Verlauf der letzten beiden Jahrzehnte zahlreiche Industrien, davon viele aus dem Ausland, niedergelassen. Sie haben hier investiert, um kostengünstiger für den amerikanischen Markt produzieren zu können. Alle Vorhaben werden durch die örtlichen Behörden großzügig gefördert. Die Grundstücke sind oft für wenige Dollar pro m^2 zu erhalten, die Bauformalitäten werden zügig abgewickelt, die benötigten Arbeitskräfte durch staatliche Maßnahmen für die künftigen Jobs vorbereitet und geschult. Die Investitionen zahlen sich für beide Seiten aus. Die Unternehmen können kostengünstig produzieren, die Arbeitslosenquote liegt in South Carolina um mehr als 1 % unter dem US-Durchschnitt. Die Regierung und die örtlichen Behörden haben es geschafft, eine wirtschaftlich unterprivilegierte Region in der Randzone des ehemaligen Baumwollgürtels wirtschaftlich **aufzuwerten**.

Im **„Silicon Valley“** zwischen Palo Alto und San Jose südlich von San Francisco haben sich seit etwa 1970 über 3 000 Elektronik- und Computerfirmen niedergelassen, die einen engen Kontakt zur berühmten Stanford-Universität in Palo Alto pflegen. Die Entwicklung und Produktion der winzigen Silizium-Mikrochips gaben dem Tal den Namen. Sie bilden die Grundlage für den Erfolg der Elektronikindustrie in dieser Region. Sehr hohe Produktions- und Lebenshaltungskosten sowie zeitaufwändige Wege zwischen Wohnung und Arbeit für die Beschäftigten führten in jüngster Zeit bereits wieder zur Abwanderung einiger Firmen nach Boise in Idaho, wo günstigere Voraussetzungen anzutreffen sind. Die hochmoderne Landwirtschaft mit ihren **Agrarfirmen** darf nicht unerwähnt bleiben, obwohl gerade sie durch zunehmende Industrialisierung der Produktion die Zahl der in ihrem Bereich Beschäftigten ständig verringert.

Im tertiären Sektor entwickelte sich in den letzten 30–40 Jahren der **Tourismus** zum bedeutenden Dienstleistungsbereich. Die klimatische Gunst bestimmter Räume Nordamerikas zog die Amerikaner, unter ihnen viele Rentner, aus dem kalten, ungemütlichen Norden in den Wintermonaten in den Süden, beispielsweise in den „Sunshine State" Florida. Es entwickelten sich eine entsprechende Infrastruktur und ein vielfältiges Unterhaltungsangebot.

Diese Entwicklung vollzog sich zum großen Teil auf Kosten des Manufacturing Belt. Menschen wanderten als Folge der Verlagerung von Produktion ab. Die Bereitschaft des Amerikaners, Ortswechsel auch über große Entfernungen in Kauf zu nehmen, wenn der Arbeitsplatz stimmt, unterstützte diese Entwicklung. Die Folgen zeigten sich deutlich. Der Anteil des Manufacturing Belt an der Industrieproduktion nahm von 70 % vor dem Zweiten Weltkrieg bis in die 1980er-Jahre auf unter 50 % ab. Die Zahl der Beschäftigten im Manufacturing Belt im Vergleich zur Gesamtzahl in den USA ging von rund 58 % im Jahr 1967 auf knapp 43 % im Jahr 1993 zurück.

4 Energie

Die USA sind der **größte Energieverbraucher** der Welt. Der Pro-Kopf-Verbrauch an Energie lag im Jahr 2003 mit 11 164 kg SKE (Steinkohleneinheiten)[9] doppelt so hoch wie in Deutschland (5 479 kg SKE). Mit einem Anteil von rund 4,5 % der Weltbevölkerung entfielen auf die USA im Jahr 2006 knapp ein Viertel des Welt-Primärenergieverbrauchs. Extreme Lichterflut in den Großstädten und der teilweise übertriebene Hang zum Einsatz von Klimaanlagen lassen den Energieverbrauch in die Höhe schnellen. Doch das ist nicht der alleinige Grund für den hohen Energieverbrauch. Die USA sind die größte Industrienation und Industrien brauchen Energie. Das wird deutlich, wenn bei rückläufiger Konjunktur der Energieverbrauch sinkt und umgekehrt.

Woher beziehen die USA ihre Energie? Das Land verfügt über gewaltige Vorräte an **fossilen Brennstoffen**. Vor allem die **Kohle**vorräte können die amerikanische Nation für mehrere hundert Jahre mit Primärenergie versorgen. Wesentlich bescheidener sind die derzeit bekannten **Erdgas**vorräte, die bei anhaltender Fördermenge in etwa 8–10 Jahren erschöpft sein dürften. 1995 nahmen die fossilen Brennstoffe bei der Versorgung der USA einen Anteil von rund 80 % ein. **Erdöl** war bis in die 1960er-Jahre teils aus einheimischer, teils

9 Die Steinkohleneinheit (SKE) dient als Vergleichsfaktor zwischen den verschiedenen fossilen Energieträgern. 1 kg SKE entspricht 29,308 Megajoule (Mj). Umrechnungsfaktoren: Steinkohle 1,014 SKE /kg; Braunkohle 0,293 SKE /kg; Erdöl 1,459 SKE /kg; Erdgas 1,08 SKE /m³; Strom 8,14 SKE /kWh.

aus venezolanischer Produktion in beliebiger Menge verfügbar und wurde auch rückhaltlos genutzt. In den letzten 25 Jahren geht jedoch die Förderung kontinuierlich zurück, was auf langsam schrumpfende Vorräte zurückzuführen ist. Aus politischen und strategischen Gründen kaufen die USA im Ausland billiges Erdöl auf, um die eigenen Vorräte zu schonen. Die US-amerikanische Produktion lag 2005 deutlich unter dem Niveau von 1950.

Energie-Überblick USA 1960–2005 (in Mrd. SKE*)

		1960	1970	1980	1990	2005
Eigenproduktion		1 493	2 233	2 330	2 546	2 640
Fossile Brennstoffe (gesamt)		1 434	2 130	2 123	2 107	2 168
davon:	Kohle	389	526	669	808	846
	Erdgas	508	870	797	739	677
	Rohöl	537	734	657	560	395
	Kernkraft	0,4	9	99	222	250
Erneuerbare Energien (gesamt)		58	95	108	218	222
davon:	Wasserkraft	57	94	104	108	98
	Geothermie	< 0,2	0,4	4	12	13
	Bioenergie	< 0,2	< 0,2	< 0,2	95	103
	Solarenergie	0	0	0	2,5	3
	Windenergie	0	0	0	0,7	5
Importe		152	302	575	683	958
Kohle		0,4	< 0,2	1	2,5	k. A.
Erdgas		6	31	36	56	161
Öl und Ölprodukte		144	269	527	616	772
Sonstige		2	2,5	10	9	25
Verbrauch (Auswahl)		1 576	2 390	2 733	3 025	3 610
Fossile Brennstoffe (gesamt)		1 516	2 285	2 518	2 589	3 226
davon:	Kohle	354	441	555	687	827
	Erdgas	446	784	734	694	814
	Öl/Ölprodukte/Benzin	717	1 062	1 230	1 207	1 585

* Die Quellen beruhen auf anglo-amerikanischen Maßeinheiten (Btu = British thermic units). Um eine Vergleichbarkeit herzustellen, wurden die Angaben einheitlich in SKE (Steinkohleeinheiten) umgerechnet und gerundet. In der Addition ergeben sich dadurch leichte Abweichungen von der Gesamtsumme. Weiterhin können sich Differenzen in der Summierung aus der Tatsache ergeben, dass neben Importen von Energie in gewissem Umfang auch Exporte aus der Eigenproduktion erfolgen. Die Verbrauchszahlen der Erneuerbaren Energien sind praktisch mit den Produktionszahlen identisch.

Nach dem „**Ölpreisschock**“ im Jahr 1973, als die OPEC bei gleichzeitiger Drosselung der Fördermengen die Ölpreise drastisch erhöhte, begannen die USA neue Vorräte zu erschließen. In diese Zeit fällt auch der Beginn der Ausbeutung der Ölvorkommen im Norden Alaskas und der Bau der 1 200 km langen **Trans-Alaska-Pipeline**. Da jedoch die OPEC-Absprachen nicht lange Wirkung zeigten, verfiel der Ölpreis wieder. Manche erschlossene Ölquelle und eine Reihe von Fördertürmen wurden stillgelegt. Vor dem gleichen Hintergrund schuf die US-amerikanische Regierung 1975 die Grundlage für die Einrichtung einer **staatlichen Energiereserve** von bis zu 1 Mrd. Barrel. Auf sie soll bei einer Unterbrechung der Ölimporte oder bei starken Preissteigerungen zurückgegriffen werden. Im April 2000 beliefen sich die Reserven auf 570 Mio. Barrel, was einer Versorgungszeit von 65 Tagen entspricht.

Die **Kohle** war in der frühen Industrialisierungsphase wichtigster Energielieferant für die Eisen- und Stahlindustrie. Sie hat aber nicht nur in dieser Branche, sondern auch in den Kokereien und der Zementindustrie sowohl prozentual als auch in absoluten Zahlen stark an Bedeutung verloren. Auch die privaten Haushalte machen nur noch einen minimalen Anteil des Verbrauchs aus. Heute wird die Kohle zu annähernd 90 % verstromt. Gesamtwirtschaftlich wird die Bedeutung der Kohle in den USA vermutlich noch zunehmen, zumal die Vorräte an Erdgas und Erdöl weltweit deutlich zurückgehen. Die klassischen **Steinkohle**gebiete liegen in den **Appalachen** bzw. an ihren westlichen Ausläufern in Illinois, Kentucky, West Virginia, Ohio, Pennsylvania, Indiana. An der Spitze der Förderstaaten liegt heute Wyoming (Rocky Mountains) mit einer Förderung von 307,6 Mio. Tonnen im Jahr 1999, was einem Anteil von 31 % entspricht. Da sie im Gegensatz zur Appalachen-Kohle sehr schwefelarm ist, wird sie aus Umweltschutzgründen bevorzugt.

Doch setzen die USA bei ihrer Kohleförderung nicht nur auf Steinkohle. Von großer wirtschaftlicher Bedeutung sind die **Braunkohle**vorkommen in den Bundesstaaten Mississippi, Texas und North Dakota. Im Mittleren Westen (Wyoming, Montana, Colorado) findet sich sogenannte Hartbraunkohle; das ist eine Braunkohlenart, deren Heizwert zwischen der normalen Braunkohle und der Steinkohle liegt. Abbautechnisch sind die Bedingungen hier ideal. Die Abraumüberdeckung beträgt lediglich 20–50 m. Die Flöze haben eine Mächtigkeit zwischen 10 m und 40 m und verlaufen weitestgehend ohne geologische Störungen. Aufgrund der geringen Niederschläge in diesem Raum und den relativ geringen Grundwasservorräten ergeben sich beim Abbau auch kaum Probleme mit der Entwässerung und Grundwasserhaltung, wie dies z. B. in Deutschland der Fall ist.

Die **Kernkraft** spielte bis zu Beginn der 1970er-Jahre in den USA eine untergeordnete Rolle. 1973 produzierten 65 Kernkraftwerke 83 Mio. kWh Strom. Als Folge des OPEC-Kartells setzte die amerikanische Regierung verstärkt auf die Kernkraft. Im Jahr 2005 waren in den USA 104 Kernkraftwerke mit einer Leistung von rund 800 Mrd. kWh in Betrieb. Der Anteil der Kernenergie an der Stromerzeugung lag bei 19,3 %.

Die **Erneuerbaren Energien** sind derzeit noch relativ bedeutungslos, obwohl in den letzten zwei bis drei Jahrzehnten Anstrengungen seitens der amerikanischen Regierung unternommen wurden, ihren Anteil zu steigern. Besonders Wasser, Wind, Sonne und Bioenergie werden gefördert. Bis 2020 sollen regenerative Energien einen Anteil von 15–20 % an der Gesamtenergieproduktion haben.

5 Die US-Wirtschaft zu Beginn des 21. Jahrhunderts

Zu Beginn des 21. Jahrhunderts stehen die USA wirtschaftlich als gefestigte Nation da. Die **Arbeitslosigkeit** liegt bei 4,6 % (2006), die **Inflation** bei 3,4 % (2005). Die Landwirtschaft hat einen Anteil am Bruttoinlandsprodukt von 0,9 %, die Industrie 19,7 % und der Dienstleistungssektor 79,4 % (2005). Der Anteil der Erwerbstätigen in der Landwirtschaft liegt bei 1,5 %, in der Industrie bei 23,5 % und im Dienstleistungsbereich bei 75,0 % (2006). Diese Zahlen belegen, dass sich die USA zu einer reinen **Dienstleistungsgesellschaft** entwickelt haben. Die Konjunkturlage ist derzeit gut, die Wirtschaft wächst.

Doch hat jede Medaille zwei Seiten. Auch in Amerika ist ein steigender **Leistungsdruck** in den Firmen zu spüren. Die Menschen bedrückt die Sorge um den Arbeitsplatz, den Lohn, die Rente. Unter dem Druck der Konkurrenz muss härter, flexibler und effizienter gearbeitet werden. Die Arbeitslosigkeit ist zwar so niedrig wie seit über 20 Jahren nicht mehr, doch wird dies von den Arbeitnehmern zu einem hohen Preis erkauft. Die **Verdienstunterschiede** werden größer. Für gute Leistungen gibt es guten Lohn, unter Umständen auch noch Prämien, doch die Reallöhne für wenig Qualifizierte gehen zurück. Die Schere zwischen Arm und Reich öffnet sich immer weiter.

Beschäftigte der USA nach Sparten 1970 –2006 (in 1 000 Personen)

	1970	1980	1990	1997[2]	2006
Gesamt[1]	78 678	99 303	117 914	129 558	144 427
Landwirtschaft	3 436	3 364	3 180	3 399	2 206
Nicht landwirtschaftl. Beschäftigte	–	–	–	126 039	142 134
davon: Bau / Transport /Verkehr	10 654	13 719	16 562	19 247	18 224
Verarbeitung	20 746	21 942	21 184	11 926	14 869
Handel	15 008	20 191	24 269	15 164	16 641
Finanzwesen	3 945	5 993	8 021	18 250	21 233
Dienstleistungen	20 385	28 752	39 084	39 521	43 311
Verwaltung/ öffentl. Verwaltung	4 476	5 342	5 608	18 131	20 337

1 Aufgrund gerundeter Werte und statistischer Abweichungen entspricht die Gesamtsumme nicht der Summe der Einzelwerte.

2 Ab 1997 wurden in der amerikanischen Statistik die Sparten neu zugeordnet. Ab diesem Zeitpunkt sind die Daten mit vorhergehenden Daten nur bedingt vergleichbar.

6 Detroit – Chicago: Das Beispiel Automobilindustrie

6.1 Beginn und Aufstieg

Vor der Wende vom 19. zum 20. Jahrhundert vollzog sich in der amerikanischen Wirtschaft ein fundamentaler **Wandel**, der auf zahlreiche **Erfindungen** gegen Ende des 19. Jahrhunderts zurückzuführen war. Vor allem die Erfindung des Viertakt-Benzinmotors hatte große Auswirkungen auf den Raum Detroit – Chicago. Das Zeitalter des Autos und des Ölbooms wurde dadurch eingeleitet.

An dieser Entwicklung hatte **Henry Ford** nicht unerheblichen Anteil. Schon lange vor der Jahrhundertwende hatte er erkannt, dass in einem so großen und weiten Land wie den USA das Auto eine wesentliche Rolle spielen könnte, wenn es gelang, ein möglichst robustes Auto zu konstruieren, das außerdem nicht zu teuer sein durfte. Nach etwa 20-jähriger Experimentierzeit gelang es Ford im Oktober 1908 mit seinem **Modell T,** der legendären „**Tin Lizzy**", ein solches Auto auf den Markt zu bringen. Das zu damaliger Zeit in den Schlachthäusern benutzte „laufende Band" übertrug er auf die Automobilproduktion und schuf damit schon vor dem Ersten Weltkrieg die Grundlagen der Fließbandproduktion. Die Produktionszeit eines Autos konnte von 12,5 Stunden auf eine Stunde und 33 Minuten verkürzt werden.

Ford konzentrierte sich in den Anfangsjahren auf lediglich ein Modell. So gelang es ihm durch Modellbegrenzung in Verbindung mit modernsten und revolutionierenden Produktionsmethoden ein Auto herzustellen, das sich beinahe „jeder" leisten konnte. Das Modell T war für die damalige Zeit ein kraftvolles und robustes, aber einfaches Auto.

Eine weitere Innovation geht ebenso auf Henry Ford zurück. Im Jahr 1914 führte er in seiner Fabrik den **Achtstundentag** ein. Außerdem verdoppelte er den Tagesverdienst eines Arbeiters von 2,50 auf 5 Dollar. Dahinter stand ein ganz nüchternes kaufmännisches Kalkül: Denn eine **Massenproduktion** ist nur dann sinnvoll, wenn genügend potenzielle Käufer vorhanden sind.

Die Massenproduktion erlaubte eine deutliche Preissenkung für das Modell T. Lag der Preis bei der Einführung des Autos 1908 bei 850 Dollar, verringerte er sich bis zum Dezember 1924 auf 290 Dollar. Im Mai 1927 stellte Ford die Produktion dieses im wahrsten Sinne des Wortes ersten „Volkswagens" ein, nachdem über 15 Mio. Autos vom Band gerollt waren.

6.2 Die Entwicklung nach dem Zweiten Weltkrieg

Bis zum Jahr 1950 stieg die Einwohnerzahl der Stadt **Detroit** auf ca. 1,85 Mio.; dazu trug vor allem die Automobilindustrie bei. Mit dem kontinuierlich wachsenden Wohlstand in den USA konnten sich immer mehr Menschen ein Auto leisten. Im Jahre 1952 wurden allein in den USA 6,7 Mio. Wagen verkauft. Die Region Detroit profitierte davon sehr stark, da hier die drei größten amerikanischen Automobilproduzenten, die sogenannten **Big Three**, ihre Standorte hatten: General Motors, Ford und Chrysler.

Die „Großen Drei" der amerikanischen Automobilindustrie (1997–2009)

	Beschäftigte 1997	Beschäftigte 2005	geplanter Stellenabbau bis 2009
GM	391 000	335 000	30 000
Ford	290 000	325 000	44 000
Chrysler*	94 000	97 000	13 000
Gesamt	775 000	757 000	87 000

* Zahlen 2005 für Daimler /Chrysler

In den 1950er-Jahren beherrschte das **Oligopol** (wenige Anbieter) der Big Three den Markt und beeinflusste die Preise. Unterstützt wurde diese Entwicklung durch das **GATT-Abkommen** aus dem Jahre 1947. Einfuhrbeschränkungen und Importzölle auf Fahrzeuge der Konkurrenz aus dem Ausland schützten die Big Three. 1965 kam es zu einem weiteren Wachstumsschub für die gesamte Region. Durch die Unterzeichnung des **„Auto-Pact"** mit Kanada entfielen eine Reihe von Zöllen innerhalb der Automobilbranche zwischen Kanada und den USA. Die kanadische Autoindustrie wurde weitgehend in den US-amerikanischen Markt integriert. Dieser Schritt führte zu einer weiteren Konzentration der Fahrzeugproduktion auf den Bereich der Großen Seen mit dem Schwerpunkt in Detroit. Die inländischen Verkaufszahlen waren bis Mitte der 1960er-Jahre auf über 8 Mio. Fahrzeuge pro Jahr gestiegen. Zu dieser Zeit lagen die Märkte überwiegend in den USA, Exporte spielten kaum eine Rolle.

6.3 Die Krise

Etwa um 1970 war auf dem Automobilsektor der USA eine gewisse Sättigung erreicht. Die Big Three begannen Märkte in Übersee zu erschließen. Die Strategie bestand jedoch weniger in reinem Export, sondern vielmehr im Aufbau von Produktionsstätten in Europa und in Lateinamerika oder im Aufkauf von Fabriken. Mit diesen ersten frühzeitigen **Globalisierung**sansätzen begann sich allmählich die Krise für die Autoregion Detroit abzuzeichnen.

Aufgrund des **Ölembargos** der OPEC-Staaten 1973 verdoppelte sich der Benzinpreis in nur einem Jahr. Schlagartig waren die Straßenkreuzer mit hohem Benzinverbrauch nur noch schwer verkäuflich. Produktion, Absatz und Beschäftigtenzahlen gingen drastisch zurück. Von den Auswirkungen der Erdölkrise waren ca. eine Million Menschen bei den Big Three, den Zulieferern oder im Händler- bzw. Servicebereich betroffen.

Die Krise traf vor allem die Großstädte in der stark monostrukturierten Region des **Manufacturing Belt**. Einige hunderttausend Menschen wanderten aus der Region ab und suchten sich einen neuen Arbeitsplatz, vielfach im **Sun-Belt**. In den Jahren nach dem Zweiten Weltkrieg hatte die amerikanische Regierung durch gesetzliche Maßnahmen die eigene Wirtschaft geschützt. Nun erließ sie Gesetze, die massiv in die Automobilproduktion eingriffen und die Branche schwächten, dazu gehörten Auflagen zur **Energieeinsparung** und zum **Umweltschutz**. Vorschriften für eine höhere Fahrzeugsicherheit bedeuteten zusätzliche Investitionen für die Automobilfirmen. Geschwindigkeitsbegrenzungen und Richtwerte für den Benzinverbrauch wurden festgesetzt.

Die Nachfrage der Käufer nach dem alten, typisch amerikanischen Auto ließ drastisch nach. Gefragt waren die **Klein-** und **Mittelklassewagen** mit geringem Bezinverbrauch und hoher Leistung. Dieser Fahrzeugtyp entsprach eher dem europäischen Wagen der unteren Mittelklasse.

Die Big Three waren darauf nicht vorbereitet. Man reagierte, indem man zumeist die alten „großen“ Modelle in verkleinerter Variante auf den Markt brachte. Diese genügten aber nicht den Ansprüchen der Käufer. Die Verkaufszahlen amerikanischer Autos gingen stark zurück, vor allem zu Lasten der Region **Detroit**. Die Zahl der Importautos steig deutlich.

Weltweite Autoverkäufe in Mio. (2006) und Veränderung im Vergleich zum Vorjahr in %

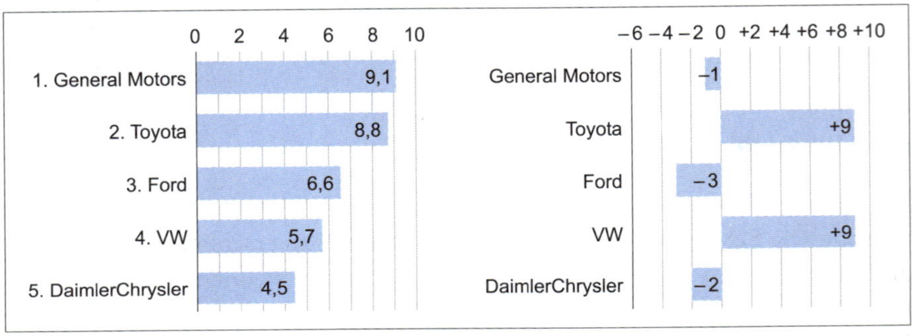

Die japanische Konkurrenz hatte sich die Situation auf dem amerikanischen Markt zu Nutze gemacht. Sie boten ihre Kleinwagen an, die den amerikanischen Autos in beinahe allen Belangen und Anforderungen überlegen waren. Unter dem Druck der Big Three und der Automobilgewerkschaft kam es 1981 zu einer „freiwilligen“ Beschränkung **japanischer Import**e in die USA. Nun nutzte Kanada aufgrund des Auto-Pact die Möglichkeiten des **zollfreien Handels** mit den USA. Man lockte japanische Investoren ins Land, die so auf legalem Weg ihre Wagen auf dem amerikanischen Markt absetzen konnten, im Jahr 1989 immerhin 600 000 Fahrzeuge.

Um Arbeitsplätze zu sichern, unterstützte die US-amerikanische Automobilgewerkschaft die Idee, eine Teilproduktion, sogenannte **Transplants**, in die USA zu holen. Das sind Motoren- oder Montagewerke, die rechtlich als eigenständige amerikanische Firmen gelten, sodass die Einfuhrzölle entfallen. Man erreichte zwar einen **Investitionsschub**, die neuen Firmen lagen aber zumeist außerhalb des Manufacturing Belts. Die Situation der Big Three verschlechterte sich weiter. Eine weitere Tatsache spielte dabei eine große Rolle: Japanische Autos galten in den 1980er-Jahren als deutlich weniger reparaturanfällig.

6.4 Ausblick

Mit einer Neuzulassungszahl einschließlich Gebrauchtwagen von beinahe 16,5 Mio. Fahrzeugen im Jahr 2006 liegt auf dem amerikanischen Markt eine Sättigung vor, zumal bereits zwei Drittel aller Haushalte über mindestens zwei Autos verfügen. Zunehmende Elektronik und zusätzliche Sicherheitsauflagen haben die Produktion verteuert. Dem steigenden Kostendruck begegnet man mit der Übernahme japanischer Produktionsmethoden wie **Lean Production**, um die Produktionskosten zu senken. Darunter versteht man, innerhalb der Produktion alles „abzuspecken", was nicht unmittelbar der Wertschöpfung dient. Das reicht von der Verminderung des Personals bis hin zur Reduzierung der Lagerhaltung (**Just-in-time**-Philosophie). Gleichzeitig ist man auf Qualitätsverbesserung und Qualitätssicherung bedacht.

Besetzten die Big Three Anfang der 1960er-Jahre rund 90 % des amerikanischen Automarktes, so konnten sie nach den Absatzeinbrüchen zwischen 1970 und Beginn der 1980er-Jahre letztmalig 1988 ihre Position auf dem heimischen Markt steigern. Mit der Erschließung von **Marktnischen** wie 4WD, Pick-Ups oder Jeeps traf man den Geschmack der Käufer. Doch man vertraute zu stark auf diese vermeintliche Domäne und den Bau spritschluckender PS-Giganten. Von den Big Three kann man daher schon seit vielen Jahren nicht mehr sprechen. Toyota und VW sind bis weit in die Spitze vorgerückt. Auch in den USA führen hohe Benzinpreise und eine zunehmende Diskussion über die globale Erwärmung dazu, dass sich mancher Kunde mit dem Spritverbrauch seines Fahrzeugs auseinandersetzt.

Kleiner werdende Marktanteile, Stellenstreichungen, Lohnkürzungen und starke Einschnitte bei den Sozialleistungen bekommt die Region Detroit in wirtschaftlicher Hinsicht deutlich zu spüren: Die Arbeitslosigkeit steigt, die Bevölkerungszahl sinkt. Weiter angestrebte Reduzierung der Produktionskosten (vor allem Lohn und Sozialleistungen) führen zur Abwanderung von Produktionsstätten nach Tennessee in den Raum Spring Hill. Im Umkreis von einigen hundert Meilen sind alle großen Namen der Autowelt vertreten: Ford, Daimler Chrysler, BMW, Toyota, Volvo, Honda. Diese Region kann inzwischen 160 000 Jobs in der Automobilbranche vorweisen. Niedrige Steuern, subventionierter Strom und nicht zuletzt das beinahe völlige Fehlen von Gewerkschaften wirken dabei wie ein Magnet.

7 Kalifornien: High-Tech-Standort

Fünf Phasen kennzeichnen die Entwicklung des industriellen Sektors der kalifornischen Wirtschaft. Zunächst bescherte das **Gold** einen Boom, wobei eine industrielle Förderung nicht stattfand. Es folgten das **Erdöl** und die **Filmbranche**, die in den Anfangsjahren, als man noch nicht in Studios drehte, die idealen Wetterbedingungen Kaliforniens nutzte. Mit Beginn des Zweiten Weltkriegs expandierte der industrielle Sektor durch die staatlich veranlasste Verlagerung eines Teiles der **Rüstungsindustrie** an die amerikanische Westküste. Dies setzte sich nach dem Krieg fort, ebenso wie die Ausweitung der kommerziellen **Luftfahrt** und der **Elektronik**. In der fünften Phase folgte etwa seit 1970 der Ausbau der **Computerbranche**.

Etwa seit 1990 wird die kalifornische Wirtschaft nicht mehr von der Rüstungsindustrie beherrscht, vielmehr dominieren Unterhaltungs- und Wissenssektor. Die industrielle Güterproduktion wurde ersetzt durch Produkte mit einem hohen Kreativitäts-, Design- oder Wissensanteil. Kleine und flexible Firmen beherrschen zunehmend den Markt und verdrängen die Großindustrie. Heutzutage sind die wichtigsten Arbeitgeber Telekommunikation, Multimediabetriebe, Filmstudios und Softwarefirmen. Das spiegelt sich auch im internationalen Handel wider. Hollywoods Filmindustrie wickelt inzwischen die Hälfte aller Geschäfte im Ausland ab. Ein Drittel der amerikanischen **High-Tech-Exporte** werden durch die Firmen im **Silicon Valley** geliefert.

Der Weg zur heutigen Situation führte jedoch durch eine tiefe Krise der Industrie. Sie begann Ende der 1980er-Jahre, als der Ostblock mit seiner Führungsnation Sowjetunion zerbrach.

Elektronik- und Computerfirmen im Silicon Valley, bei San José

Aufgrund der veränderten politischen Lage gingen die staatlichen Aufträge an die Rüstungsindustrie zurück. Der prozentuale Anteil der Jobs in diesem Industriezweig bezogen auf die Arbeitsplätze des gesamten verarbeitenden Gewerbes schrumpfte von 25 auf 10 Prozent. Viele Rüstungsfirmen gingen in Konkurs, andere schafften es, auf zivile Produkte umzustellen. Kamen Mitte der 1970er-Jahre noch etwa 3,5 Arbeitsplätze im Flugzeugbau auf einen Platz in der Filmindustrie, arbeiten heute mehr Menschen in Hollywoods Studios als in der Luftfahrt. Über 300 000 Menschen sind in der Unterhaltungsbranche und 60 000 Menschen im Multimedia-Bereich beschäftigt. Im Computer- und Softwarebereich wurden bis Ende der 1990er-Jahre mehr als 50 000 neue Stellen geschaffen.

Wo liegen die Gründe für diesen Wandel? Staatliche Hilfen während der Krisenjahre spielten dabei kaum eine Rolle. **Frank Levy**, ein bekannter amerikanischer Wirtschaftswissenschaftler, sieht den Erfolg vor allem in den großen **unternehmerischen Freiheiten** und der individuellen **Mobilität**. Während der Krise konnten die Firmen ohne große Probleme tausende von Angestellten entlassen, um sich dem Markt anzupassen. Heute stellt man ebenso problemlos neue Arbeitskräfte wieder ein. Weiterhin kennzeichnen Ideenreichtum und unternehmerischer Wagemut die Situation an Amerikas Westküste. Vorteilhaft ist auch die enge Verzahnung mit den Universitäten (z. B. Stanford University). Nicht zuletzt sind viele kreative Leute in Kalifornien **Immigranten**. Jeder dritte Ingenieur im Silicon Valley stammt aus Asien, über tausend Computerfirmen werden von Chinesen geleitet, weltweit bekannte Firmen wie Intel wurden von Immigranten gegründet.

Zu den Schattenseiten gehört die hohe Arbeitslosigkeit Kaliforniens, die immer noch knapp über dem Bundesdurchschnitt liegt. Die Umstrukturierungen und Fusionen von Firmen kosten Arbeitsplätze. Neue Arbeitsplätze, vor allem im Dienstleistungsbereich, werden oft deutlich schlechter bezahlt. Rund 17 % aller kalifornischen Arbeitskräfte verdienten 1996 weniger als 5,75 US-$ pro Stunde. Die höchste Zuwachsrate bei neuen Arbeitsplätzen findet man im Bereich **Zeitarbeit**. Die Löhne in diesem Bereich liegen aber um ein Viertel bis ein Drittel niedriger als der Bundesdurchschnitt.

Probleme bereitet in Kalifornien das Versagen der Öffentlichen Hand im Bereich der **Bildung**. Die Ausgaben für Bildung und Erziehung lagen Mitte der 1990er-Jahre um fast 20 % unter dem Durchschnitt der USA. Im finanzkräftigen Silicon Valley verfügt nur jeder zweite Schüler über ausreichende Kenntnisse im Lesen und Schreiben. Allerdings wurden die Mittel für das Erziehungswesen deutlich aufgestockt, um die Attraktivität Kaliforniens, die vor allem durch private Initiative entstand, langfristig zu sichern.

Weltwirtschaftliche Zusammenhänge

1 Politische Strukturen der USA

1.1 Die Verfassung

Nach dem Unabhängigkeitskrieg gegen das britische Mutterland trafen drei politische Ereignisse zusammen:

- die Befreiung, die in Unabhängigkeitserklärungen verankert wurde,
- die erste Proklamation von Menschenrechten,
- die in der Verfassung festgeschriebene Ordnung für ein neues Staatsgebilde.

Die Bundesverfassung wurde 1787 von einem Verfassungskonvent unter dem Vorsitz von George Washington fertiggestellt und 1789 von der Zweidrittelmehrheit der 13 Gründerstaaten ratifiziert. Sie ist die älteste heute noch in Kraft befindliche Verfassung eines souveränen Staates und befindet sich seit ihrem Inkrafttreten in einem kontinuierlichen Entwicklungsprozess. Die Verfassung der USA ist im Verlauf von mehr als zwei Jahrhunderten nur 14-mal geändert worden. Den ersten Ergänzungen im Jahr 1791, die den **Grundrechtskatalog** (bill of rights) enthalten, folgten weitere 24 Zusätze (amendments). Großen Einfluss auf die Weiterentwicklung haben vor allem Entscheidungen des **Obersten Gerichtshofes** (supreme court). Da diese aber nicht in den Verfassungstext eingearbeitet werden, hat sich neben dem Text der Verfassungsurkunde ein **ungeschriebenes Verfassungsrecht** entwickelt.

Die Gewaltenteilung sorgt im politischen System der USA für ein Gleichgewicht von Legislative, Exekutive und Judikative. Zentralismus und Föderalismus halten sich die Waage. Von den Schöpfern der Verfassung wurden einerseits Maßnahmen gegen eine zu starke Zentralgewalt ergriffen, andererseits wurden dem Bund die staatliche Wohlfahrt, der Handel sowie die notwendige und zweckdienliche Gesetzgebung zugesprochen.

Dieses System der **checks and balances** (Hemmnisse und Gegengewichte) zwischen dem Bund und den Staaten wird keineswegs durch eine scharfe Trennung, sondern durch ein Überschneiden der Gewalten gewährleistet. Man nennt dieses notwendige Zusammenspiel das **System der separated and coordinated powers**, also eine Regierung durch Übereinstimmung (consensus), bei der größere Veränderungen in öffentlichen Angelegenheiten nur zustande kommen, wenn sich eine Mehrheit im Rahmen der checks and balances ergibt.

Das Verfassungssystem der USA

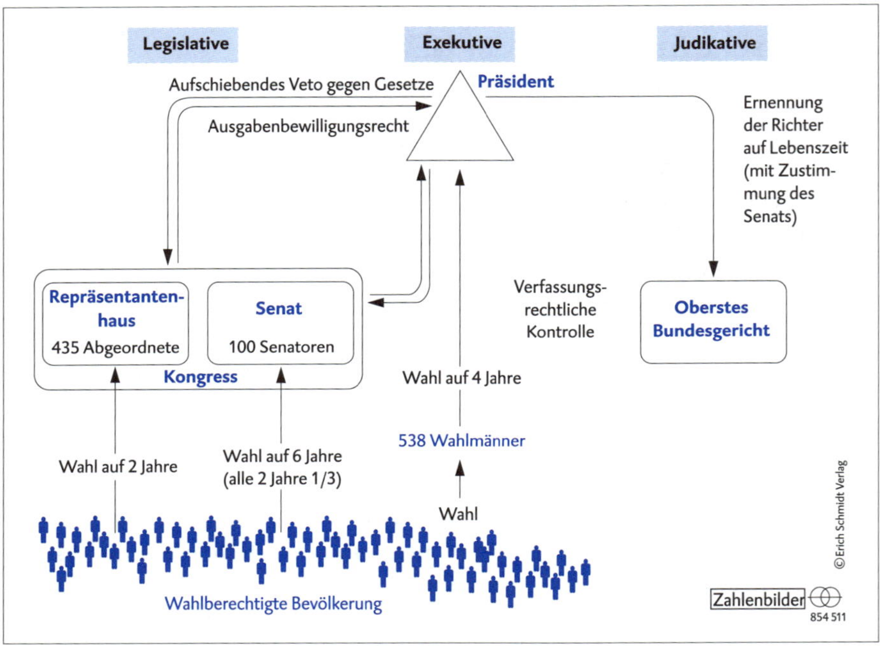

1.2 Der Präsident

Der Regierungsaufbau der Vereinigten Staaten von Amerika gilt als Musterbeispiel des **demokratischen Präsidialsystems**. Der Präsident, der zugleich Staats- und Regierungschef ist, wird unabhängig von der Legislative vom ganzen Volk über Wahlmänner für eine Amtsperiode von vier Jahren gewählt. Er kann weder auf parlamentarischem Weg gestürzt werden (außer durch ein **Impeachment**, ein Amtsanklageverfahren vor dem Senat), noch kann er seinerseits den Kongress – die Legislative – auflösen.

Der Präsident der Vereinigten Staaten von Amerika

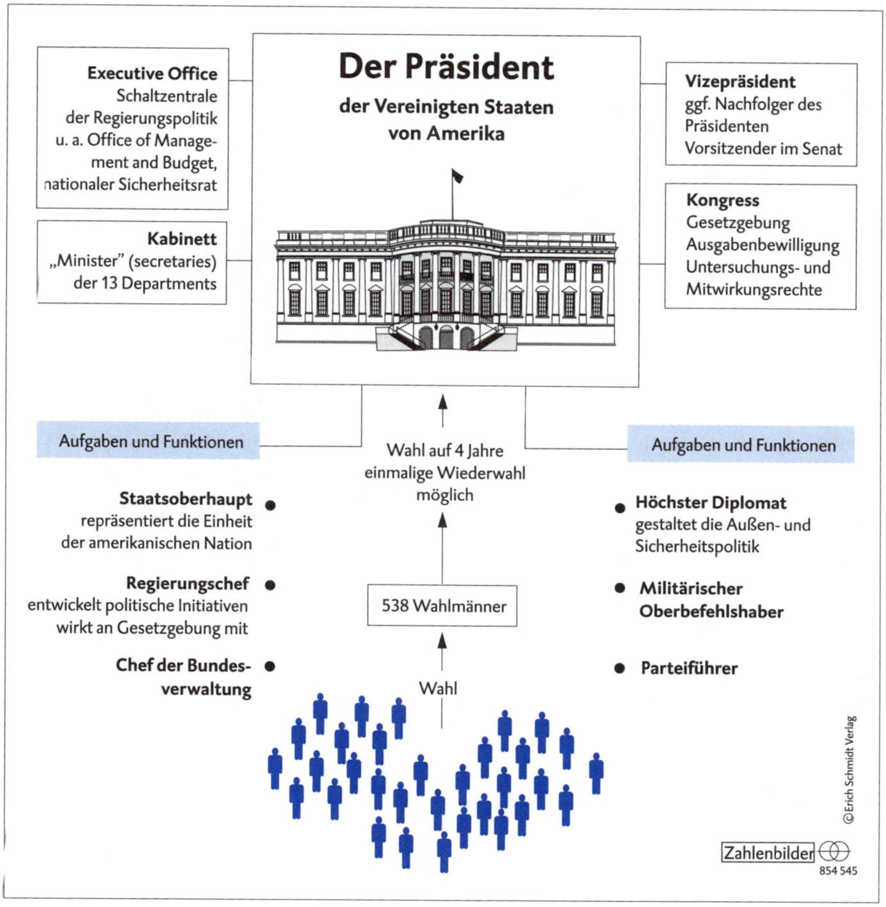

In den meisten anderen Ländern hat das Staatsoberhaupt nur beschränkte Aufgaben, vor allem Repräsentationspflichten, wie z.B. der Bundespräsident in Deutschland. Die **Exekutive** der USA kennt keine solche Trennung von Symbol und Macht. Der Präsident ist zugleich Repräsentant des Landes wie auch Leiter der Regierung, Führer seiner Partei und erster Sprecher des ganzen Volkes. Allerdings ist er aufgrund der Gewaltenteilung nur beschränkt handlungsfähig. Er hat jedem einzelnen Organ des Staates, wie dem Senat, dem Repräsentantenhaus, dem Kongress, den einzelnen Staaten oder einzelnen Ausschüssen bestimmte Rechte übertragen, diese aber so bemessen, dass sie tatsächlich voneinander getrennt sind. So liegt beispielsweise das Recht, außenpolitische Verträge abzuschließen, beim Senat.

US-Präsidenten des 20. Jahrhunderts

		Partei	Regierungszeit
(1858–1919)	Theodore Roosevelt	R	1901–1909
(1857–1930)	William Howard Taft	R	1909–1913
(1856–1924)	Woodrow Wilson	D	1913–1921
(1865–1923)	Warren G. Harding	R	1921–1923
(1871–1933)	Calvin Coolidge	R	1923–1929
(1874–1964)	Herbert Hoover	R	1929–1933
(1882–1945)	Franklin Delano Roosevelt	D	1933–1945
(1884–1972)	Harry S. Truman	D	1945–1953
(1890–1969)	Dwight D. Eisenhower	R	1953–1961
(1917–1963)	John F. Kennedy	D	1961–1963
(1908–1973)	Lyndon B. Johnson	D	1963–1969
(1913–1994)	Richard M. Nixon	R	1969–1974
(1913–2006)	Gerald R. Ford	R	1974–1977
(geb. 1924)	Jimmy Carter	D	1977–1981
(1911–2004)	Ronald Reagan	R	1981–1989
(geb. 1925)	George Bush	R	1989–1993
(geb. 1946)	Bill Clinton	D	1993–2001
(geb. 1946)	George W. Bush	R	seit 2001

1.3 Der Kongress

Die eigentliche **Legislative** ist der Kongress. Er besteht aus einem Repräsentantenhaus mit 435 Abgeordneten als Vertretung der Gesamtunion und einem Senat mit 100 Mitgliedern – zwei Senatoren für jeden Staat – als Vertretung der Einzelstaaten. Ein wesentlicher Unterschied zu Bundestag und Bundesrat im politischen System Deutschlands liegt in der kürzeren Legislaturperiode des Repräsentantenhauses und vor allem in der Stellung des Senates, der gleichwertig an der Gesetzgebung beteiligt ist. Die Senatoren werden direkt gewählt.

Kongresswahlen finden alle zwei Jahre statt. Dabei werden das gesamte Abgeordnetenhaus und jeweils ein Drittel der Senatoren neu gewählt. Da der Senat in der Gesetzgebung dem Repräsentantenhaus gleichrangig ist und jeweils zwei Drittel der Senatoren aus der vorangegangenen Legislaturperiode stammen, ist ein radikaler Umschwung der amerikanischen Politik von einer Legislaturperiode zur anderen kaum möglich. Aus der Zahl der Mitglieder des Repräsentantenhauses und des Senats ergibt sich auch die Zahl der Wahlmänner für die Präsidentenwahl. Jeder Staat stellt so viele Wahlmänner, wie er Vertreter im Kongress hat. Hinzu kommen drei Wahlmänner für den District of Columbia, der, wenn er im Kongress vertreten wäre, einen Abgeordneten und zwei Senatoren stellen würde (435 +100 + 3 = 538 Wahlmänner).

Der Kongress – Aufgaben und Befugnisse

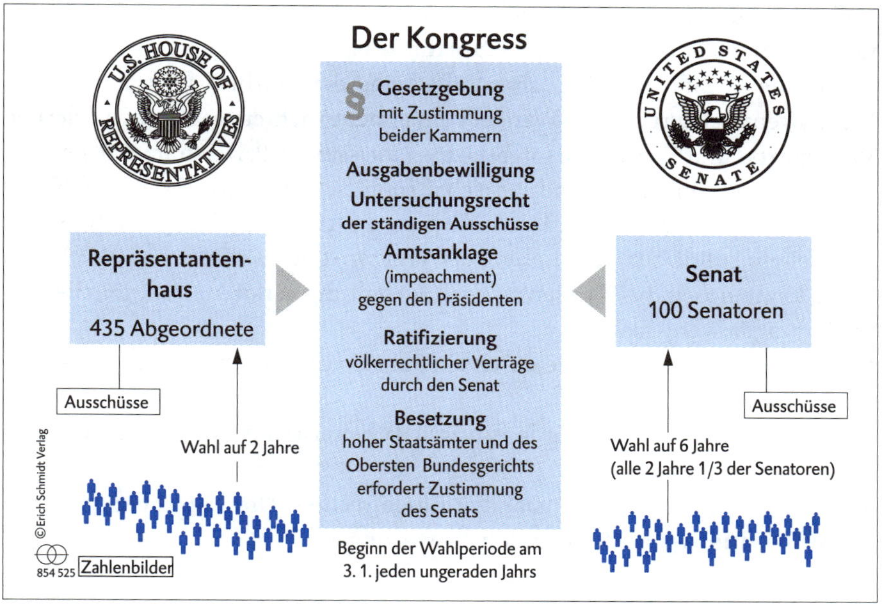

1.4 Die Parteien

Die politischen Parteien der Vereinigten Staaten – Demokraten und Republikaner – sind mit denen in europäischen Ländern kaum zu vergleichen. Sie unterscheiden sich sowohl in ihrer Organisation als auch in ihrer Funktion.

Die amerikanischen Parteien kümmerten sich von Beginn an um die Vergabe und Besetzung politischer Ämter auf allen Ebenen des Staates und entwickelten dabei einen unbekümmert zupackenden Machtdrang und praktische Verhaltensweisen. Dabei war für Parteien mit konfessioneller Weltanschauung nach europäischem Muster ebenso wenig Platz wie für ideologisch-doktrinäre Gruppierungen. Kirche und Staat wurden strikt getrennt, politischer und wirtschaftlicher Liberalismus galten als natürliches Prinzip des öffentlichen Lebens. Entscheidend für eine Entwicklung zum **Zweiparteiensystem** war, dass

Herrschaftspositionen und Ämter durch Mehrheitsentscheidungen in Einpersonenwahlkreisen besetzt wurden und Splitterparteien keine Chancen hatten.

Die Parteien präsentieren sich heute sowohl als **Patronageparteien** wie auch als locker organisierte Verflechtung wirtschaftlicher, sozialer und ethnischer Verbände. Die Patronagepartei hatte sich in den 30er-Jahren des 19. Jahrhunderts unter Präsident Jackson durchgesetzt. Er unterstützte das Dogma der Volksherrschaft indem die Bürger möglichst viele Beamte auf einzelstaatlicher und kommunaler Ebene in freier Wahl direkt bestellen konnten.

Um die Wende zum 20. Jahrhundert ging der Einfluss der traditionellen Patronagepartei zurück. Der Wandel vom „Nachtwächterstaat" zum modernen Wohlfahrts- und Daseinsvorsorgestaat veranlasste die Parteien im Zeichen des new deal, sich im sozial- und wirtschaftspolitischen Sektor stärker als bisher zu betätigen. Unter **new deal** versteht man die 1929 von Präsident Roosevelt eingeleitete Politik zur Bekämpfung der Weltwirtschaftskrise.

Bis heute haben die Parteien stark an Bedeutung verloren; traditionelle Parteibindungen werden abgebaut:

- die Ämterpatronage wurde durch ein auf Leistung beruhendes Beamtentum abgelöst;
- die Arbeit der Parteien wurde von Sozialarbeitern und vom Wohlfahrtsstaat übernommen;
- außerhalb der Parteien entstanden Bürgerrechts-, Umweltschutz-, Frauenemanzipations- und Antikernkraftbewegungen.

1.5 Bundesstaatliche Gliederung

Fünfzig gleichberechtigte Staaten sowie der seit 1800 bestehende Bundesdistrikt District of Columbia /D. C., der das Gebiet der Bundeshauptstadt Washington umfasst, bilden die USA. Die Staaten sind in **counties** aufgeteilt, was den deutschen Kreisen entspricht. Insgesamt ist das Staatsgebiet in 3049 counties gegliedert. Alle Gemeinden (parishes) sind, bis auf wenige Großstädte, counties zugeordnet. Ausnahmen gibt es in Alaska, das verwaltungsmäßig in **divisions** (Bezirke) unterteilt ist, sowie in Louisiana, wo die den counties entsprechenden Kreise parishes genannt werden.

Für statistische Zwecke wurden zudem neun sogenannte **geographic divisions** gebildet: New England, Middle Atlantic, West South Central, East North Central, West North Central, South Atlantic, East South Central, Mountain und Pacific.

2 Weltwirtschaftliche Einordnung

2.1 Warenproduktion und Welthandel

Aufgrund des riesigen Binnenmarktes werden die USA von außenwirtschaftlichen Faktoren nur gering beeinflusst, andererseits bestimmen sie aber die Weltwirtschaft erheblich. 1996 machten die Waren- und Dienstleistungsexporte gerade einmal 13 % des BIP aus. In Deutschland betrug der Anteil 28 %, in kleineren Ländern wie den Niederlanden oder Belgien 60 bis 80 % und in Stadtstaaten wie Singapur und Hongkong über 100 %. In den USA werden 26 % des **Weltsozialprodukts** produziert.

Beim **Warenhandel** stehen die USA sowohl beim Import als auch beim Export an erster Stelle. Im Export sind sie bei landwirtschaftlichen Gütern (Mais 70 %, Weizen 33 %, Tabak und Tabakwaren 28 %), Flugzeugen (36 %), medizinischen Apparaten (26 %), Datenverarbeitungsgeräten (18 %) und bei Teilen des Maschinenbaus (landwirtschaftliche Maschinen 20 %, Motoren 33 %) führend.

Außenhandel der USA 2004

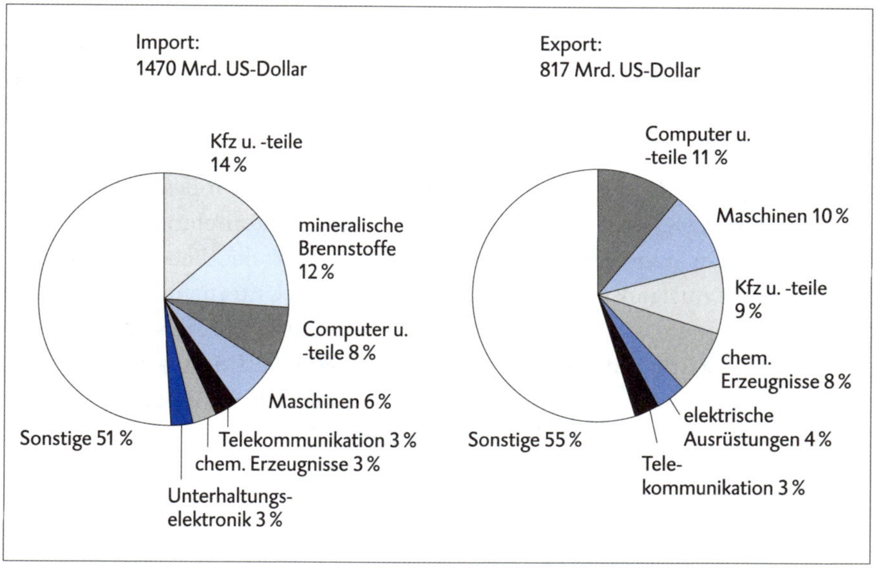

Eine bedeutende Stellung nehmen die USA mit 17 % auch bei den **Dienstleistungsausfuhren** ein. Maßgeblichen Anteil daran haben Einnahmen aus dem Tourismus, aus dem Flugverkehr sowie aus Telekommunikationsdiensten. Die USA sind der größte Absatzmarkt für Waren und Dienstleistungen aus anderen Ländern. Der Warenabsatz wurde durch eine langfristig positive Konjunkturentwicklung begünstigt, während die Dienstleistungsimporte zurückgehen.

Die führenden Welthandelsländer

Einfuhr (2004) in Mrd. US-Dollar		Ausfuhr (2004) in Mrd. US-Dollar	
1. USA	1 525,680	1. Deutschland	911,859
2. Deutschland	718,269	2. USA	818,520
3. China	560,683	3. China	593,439
4. Japan	454,592	4. Japan	565,743
5. Großbritannien	451,715	5. Frankreich	424,036

2.2 Direktinvestitionen und multinationale Unternehmen

Unter den 100 größten multinationalen Unternehmen der Welt haben 30 ihren Stammsitz in den USA. Diese treten vor allem als bedeutende Investoren im Ausland auf (z.B. General Motors). So befinden sich etwa 25 % der weltweiten **Direktinvestitionsbestände** (Investitionen, die im Ausland von amerikanischen Geldgebern durchgeführt werden) in amerikanischem Besitz. Der Anteil der USA an den weltweit von ausländischen Tochterunternehmen an die Muttergesellschaften transferierten Gewinne ist mit 36 % deutlich höher. Dieses umfangreiche Auslandsengagement amerikanischer Unternehmen erklärt zu einem Teil auch die vergleichsweise geringe Bedeutung des Außenhandels für die heimische Wirtschaft. Außenhandel und Direktinvestitionen stellen Alternativen bei der Internationalisierung von Unternehmensaktivitäten dar, und die amerikanische Wirtschaft hat sich häufig für Investitionen im Ausland und gegen die Aufnahme des Exportgeschäftes entschieden. Als „Gastland“ von Direktinvestitionen umfassen die USA etwa 20 % der Anlagebestände.

Stellung der USA in der internationalen Arbeitsteilung

Anteile an den weltweiten Zahlungsströmen (in %)		1990		2002	
		Land	Anteil	Land	Anteil
Warenausfuhr	1	Deutschland	12,0	USA	10,7
	2	USA	11,3	Deutschland	9,7
	3	Japan	8,2	Japan	6,2
Wareneinfuhr	1	USA	14,6	USA	18,4
	2	Deutschland	10,0	Deutschland	7,7
	3	Frankreich	6,5	Japan	4,7
Dienstleistungsausfuhr	1	USA	17,1	USA	17,8
	2	Frankreich	8,8	Großbritannien	7,7
	3	Deutschland	7,7	Deutschland	6,5
Dienstleistungseinfuhr	1	USA	13,0	USA	13,6
	2	Frankreich	9,7	Deutschland	9,1
	3	Deutschland	9,3	Japan	6,5
Direktinvestitionen im Ausland	1	USA	20,4	USA	21,9
	2	Frankreich	14,8	Großbritannien	15,0
	3	USA	12,7	Frankreich	9,5
ausländische Direktinvestitionen im Inland	1	USA	23,8	USA	18,9
	2	Großbritannien	16,1	Großbritannien	9,0
	3	Spanien	6,9	Deutschland	6,3

2.3 Das Weltwährungssystem

Mit der Neuordnung der Weltwirtschaft nach dem Ende des Zweiten Weltkrieges wurde dem Dollar und damit der weltwirtschaftlichen Bedeutung der USA eine führende Rolle zugewiesen. Der Kurs des Dollar war im sogenannten **Bretton-Woods-System** fest an eine Goldparität gebunden; dafür hatten die anderen Mitglieder des Weltwährungssystems die Verpflichtung übernommen, den Kurs ihrer Währung gegenüber dem Dollar stabil zu halten. Das darin begründete Mandat des US-Dollar als **Leitwährung** ist bis heute erhalten geblieben.

Die wichtigsten Währungsanteile im internationalen Devisenhandel 2004

Internationaler Devisenhandel	alle Währungen = 100 %*
US-Dollar	44,4 %
Euro	18,6 %
Yen	10,2 %
Pfund	8,5 %
Schweizer Franken	3,1 %
Kanadischer Dollar	2,8 %
Australischer Dollar	2,1 %
Übrige	10,3 %

* Da an jeder Transaktion zwei Währungen beteiligt sind, werden die prozentualen Anteile an sich doppelt so hoch ausgewiesen und summieren sich auf 200 %.

Bereits vor Kriegsende wurde 1944 mit der Konferenz von Bretton Woods die Errichtung des **Internationalen Währungsfonds** (IWF) sowie der **Weltbank** beschlossen. Der IWF, dessen Ziel die Förderung der internationalen Zusammenarbeit in den Bereichen Währungspolitik, internationaler Zahlungsverkehr und Wirtschaftswachstum ist, beruhte zunächst auf den Goldreserven und dem US-Dollar, was den USA eine dominante Stellung einbrachte. Nach der Freigabe der Wechselkurse 1973 änderte sich allerdings der Aufgabenbereich; so rückte u.a. die Schuldenkrise der Entwicklungsländer in den Mittelpunkt der Arbeit.

Die Weltbank mit Sitz in Washington D.C. hat die wirtschaftliche Entwicklung zum Ziel; nach dem Zweiten Weltkrieg stand dabei Europa im Vordergrund, später die Entwicklungsländer, heute v. a. Osteuropa und die Staaten der ehemaligen UdSSR. Da auch hier die USA den größten Kapitalanteil besitzen, haben sie bei Abstimmungen ein entsprechend hohes Gewicht und können entscheiden, welchen Staaten finanzielle Hilfen gewährt werden.

Das **GATT (General Agreement on Tariffs and Trade)** trat 1947 in Kraft und hatte den Abbau von Handelsschranken wie Zölle oder Abgaben zum Ziel. Nach mehreren Überarbeitungen trat 1995 die **WTO (World Trade Organization)** die Nachfolge des GATT an; die Ziele – Abbau von Zollschranken und deren Überwachung – wurden durch Beratungs- und Schlichtungsmandate erweitert. Es wird befürchtet, dass in der WTO die Industriestaaten, vor allem aber die USA, ihre wirtschaftlichen Ziele nun noch einfacher zulasten ökonomisch schwacher Staaten durchsetzen könnten.

2.4 Wirtschaftsbeziehungen zu ausgewählten Regionen

Handelsbeziehungen zwischen den USA und der EU

Die USA standen der europäischen Integration grundsätzlich positiv gegenüber. Vor dem Hintergrund der wirtschaftlichen Stärkung Europas und des sicherheitspolitischen Interesses wurde Europa von Präsident Reagan im Jahr 1985 nicht als Rivale, sondern als starker **Partner** gesehen. Auseinandersetzungen gab es jedoch in der Agrarpolitik, z. B. bei der Stützung des Agrarsektors im Rahmen des GATT sowie bei der Hormonbehandlung von Rindern. Weitere Streitpunkte ergaben sich bei der Subventionierung der europäischen Flugzeugindustrie (Airbus), in der Stahlpolitik der EU und beim Marktzugang amerikanischer Anbieter im Telekommunikations- und im Finanzsektor. Eine Entspannung im Verhältnis beider Wirtschaftsblöcke ist in den letzten Jahren dadurch entstanden, dass sich der europäische Markt nicht als „Festung Europa“ erwies und die Handelsbilanz zwischen beiden Partnern sich ausgeglichen entwickelte.

Handelsbeziehungen zwischen den USA und Japan

Japan stand in den 1980er-Jahren im Mittelpunkt amerikanischer Vorwürfe im Zusammenhang mit **unfairen Handelspraktiken**. Das bilaterale Handelsdefizit hatte sich von 12 Milliarden US-Dollar im Jahr 1980 auf 52 Milliarden US-Dollar 1989 vervierfacht. Zu den amerikanischen Vorwürfen zählten:

- verdeckte Subventionen für Exporte,
- hoher Protektionsgrad der japanischen Landwirtschaft,
- Dumpingpreise bei der industriellen Produktion,
- Importbehinderung bei Telefonausrüstungen und Radiogeräten,
- keine Zugeständnisse beim amerikanischen Marktanteil auf dem japanischen Halbleitermarkt,
- Behinderungen amerikanischer Dienstleistungsexporte im Bausektor,
- importfeindliche Struktur des binnenwirtschaftlichen Handelssystems.

Die Auseinandersetzungen zwischen Japan und den USA müssen im historischen und kulturellen Kontext gesehen werden. Auch das z. T. abweichende Verhalten und eine andere Denkweise im japanischen Geschäftsleben spielen hier eine Rolle. Heutzutage gibt es aber auch Annäherungen durch den Versuch einer stärkeren regionalen Kooperation der Pazifik-Anrainerstaaten.

Handelsbeziehungen zwischen den USA und Osteuropa

Vor dem Fall des Eisernen Vorhangs waren die Wirtschaftsbeziehungen der USA zu den sozialistischen Staaten und besonders zu der UdSSR zunächst von nationalem **Sicherheitsinteresse** geprägt. Später standen Überlegungen über mögliche außenpolitische Konsequenzen der Handelsbeziehungen und wirtschaftliche Überlegungen im Vordergrund:

- keine formellen diplomatischen oder wirtschaftlichen Beziehungen nach der Oktoberrevolution 1917,
- Konfrontationspolitik seit Beginn des Kalten Krieges 1945,
- COCOM-Liste 1949 (Committee for East-West-Trade-Policy),
- Aberkennung der Meistbegünstigungsklausel (Gleichberechtigung aller Handelspartner) für die UdSSR und alle anderen kommunistischen Staaten,
- Entspannungspolitik seit Mitte der 1960er-Jahre,
- Ausbau der Handelsbeziehungen in den 1980er-Jahren.

Der Warenhandel mit Osteuropa von 1996 bis 2003 (in Mio. Dollar)

Ausfuhren				
Jahr	Gesamt	Russland	Polen	Ungarn
1996	7388	2921	1645	566
1997	9452	4060	1910	793
1998	9820	4123	1755	985
1999	7557	2389	1656	967
2000	8825	2703	2094	1223
2001	9371	3207	1715	1424
2002	9139	2974	1783	1379
2003	9295	2964	1715	1527

Einfuhren				
Jahr	Gesamt	Russland	Polen	Ungarn
1996	6821	3744	668	701
1997	8399	4523	744	1108
1998	10 794	6008	833	1610
1999	11 242	6016	868	1932
2000	15 250	8038	1107	2770
2001	13 871	6531	1022	3013
2002	14 320	7145	1171	2692
2003	17 618	9084	1491	2759

Handelsbeziehungen zwischen den USA und den Entwicklungsländern

Die amerikanische Handelspolitik gegenüber den Entwicklungs- und Schwellenländern war stets zwiespältig. Bei Gründung des GATT 1947 waren Interessen der Entwicklungsländer kaum berücksichtigt worden. Erst 1964 wurde das GATT mit Unterstützung der USA um den Teil IV „Handel und Entwicklung" erweitert, der Ausnahmen beim Abbau von Handelsschranken erlaubt. Von den **Zollsenkungen** der 1960er- und 1970er-Jahre profitierten auch die Entwicklungsländer: Allerdings bezogen sich die Zollsenkungen nur auf für Industrieländer wichtige Güter. Seit 1976 ermöglicht eine Zusatzregelung im GATT mehr als 130 begünstigten Staaten eine zollfreie Lieferung ihrer Waren in die USA. In jüngster Zeit werden zunehmend Schutzmaßnahmen zugunsten strukturschwacher US-Branchen (z. B. Textilindustrie, Baumwollproduktion) ergriffen. Im Bereich der Zusammenarbeit mit Entwicklungs- und Schwellenländern ist die USA bedeutend. 2003 wurden aber nur 0,15 % des BNE statt der von den UN geforderten 0,7 % in die **Entwicklungshilfe** gesteckt; von den G8-Staaten ist Frankreich mit 0,41 % das wichtigste Geberland (2003).

Außenhandelsbilanz der USA 2004: Anteile an den Gesamtaus-/einfuhren in %

	Ausfuhren	Einfuhren	Saldo Mrd. US-$
Industrieländer	53,8	46,2	−265
Kanada	23,1	17,0	−70
Japan	6,7	8,7	−79
Belgien	2,1	0,8	4,1
Deutschland	3,8	5,2	−47,7
Frankreich	2,6	2,1	−11,1
Großbritannien	4,4	3,1	−11,7
Italien	1,3	1,9	−18,7
Niederlande	3,0	0,9	11,1
Entwicklungs- und Schwellenländer	46,2	53,8	−442,9
China	4,3	13,8	−175,8
Korea	3,2	3,1	−21,5
Singapur	2,4	1,0	4,0
Hongkong	1,9	0,6	6,0
Mexiko	13,5	10,3	−47,0

Handelsbeziehungen zwischen den USA und China

Die Handelsbeziehungen zwischen den USA und der Volksrepublik China waren bis zu Beginn der 1970er-Jahre ähnlich belastet wie jene zum übrigen Ostblock (COCOM-Liste). Allerdings kam es früher als in Osteuropa zu einer Aufnahme direkter Handelsbeziehungen und zu einer schrittweisen **Öffnung**. In einem 1980 abgeschlossenen bilateralen Textilabkommen wurden Kontingente eingeführt, die jährlich um 3 bis 4 % gesteigert werden sollten. Belastet wurden die handelspolitischen Beziehungen 1989, als eine studentische Demokratiebewegung blutig niedergeschlagen worden war. Heute verstärkt sich das Engagement der amerikanischen Wirtschaft auf der Basis von **Joint Ventures** sowie vieler Direktinvestitionen in sogenannten „Schraubenzieher-Fabriken".

Außenhandel mit der Volksrepublik China von 1996 bis 2004 (in Mrd. Dollar)

Jahr	Ausfuhr	Einfuhr	Saldo
1996	11,9	54,4	−42,5
1997	12,8	65,8	−53,0
1998	14,2	75,1	−60,9
1999	13,1	87,8	−74,7
2000	16,2	107,6	−91,4
2001	19,2	109,4	−90,2
2002	22,1	133,5	−111,4
2003	28,4	163,3	−134,9
2004	34,7	210,5	−175,8

3 Die wirtschaftliche Großstruktur der NAFTA

3.1 Ausgangssituation

Die Anstrengungen um eine nordamerikanische **Freihandelszone** vollzogen sich vor dem Hintergrund veränderter ökonomischer Bedingungen. Das Ende des Kalten Krieges Ende der 1980er-Jahre führte zu einer Neubewertung des Verhältnisses zwischen den USA und Europa, wirtschaftliche Interessen traten in den Vordergrund. In Europa kam es durch den Europäischen Binnenmarkt und den Europäischen Wirtschaftsraum (EWR) zur Weiterentwicklung der wirtschaftlichen Verflechtungen. Gleichzeitig konnten die asiatischen Länder ihren Platz in der Weltwirtschaft und im internationalen Handel festigen. Die USA waren gezwungen, auf diese Entwicklungen zu reagieren.

Die **USA** hatten Anfang der 1990er-Jahre eine kurze Rezession hinter sich und befanden sich auf einem soliden Wachstumskurs. Für die USA ist Mexiko der drittwichtigste Absatzmarkt sowie ein Billigproduktionsstandort, der eine Auslagerung der Zulieferindustrien ermöglicht, während Teile der Fertigung in den USA bleiben.

Für **Kanada** sind die USA der bedeutendste Außenhandelspartner (2002: 70 % der Exporte in die USA und 82 % der Importe von dort). Zudem ist der Kanada-Dollar eng an den US-Dollar gekoppelt. Die Erwartungen Kanadas an Mexiko lagen in der Erschließung eines Absatzmarktes mit 85 Millionen Einwohnern und einem hohen Bedarf an Telekommunikation, verarbeiteten Nahrungsmitteln, neuen Technologien sowie am Umweltschutz.

Mexikos Wirtschaft musste nach dem Verfall der Erdölpreise zu Beginn der 1980er-Jahre umstrukturiert werden. Die bis dahin praktizierte **Abschottung** wurde aufgegeben und eine **offene Handelspolitik** eingeleitet. Die Erwartungen waren auf eine Stärkung des Produktionsstandortes vor allem bei der arbeitsintensiven Fertigung für US-amerikanische und europäische Firmen ausgerichtet. Zudem bestanden Hoffnungen auf weitere Direktinvestitionen, auf Ausweitung der Exporte sowie auf eine Positionierung als „Eintrittstür" für den mittel- und südamerikanischen Markt.

Wirtschaftliche Kennziffern der USA, von Kanada und Mexiko

Indikatoren	USA	Kanada	Mexiko
Bevölkerung 2003 in Mio. Einw.	290,8	31,7	102,3
BIP in Mrd. US-$	10 948,5	856,5	626,1
BIP pro Kopf 2003 in US-$	37 870	24 470	6 230
Wachstumsrate des BIP 2003/2004 in %	4,4	2,8	4,4
Inflationsrate 2004 in %	2,7	1,8	5,7
Stundenlohnkosten in der gewerblichen Wirtschaft 2002 in US-Dollar je Stunde	23	18	2
Säuglingssterbeziffer je 1 000 Lebendgeburten 2003	7	5	23

3.2 Die Nordamerikanische Freihandelszone (NAFTA)

Die NAFTA (**North American Free Trade Agreement**) trat am 1. 1. 1994 in Kraft. Sie ersetzte ein Freihandelsabkommen zwischen den USA und Kanada, das zwischen zwei Industrienationen mit ähnlichen Wirtschaftsstrukturen bestand; mit Mexiko wurde ein Schwellenland integriert. Ziel der NAFTA ist es, bis 2009 eine Freihandelszone für 20 000 gewerbliche Güter und für den

Kapitalverkehr zu errichten. Durch den Abbau der Zolltarife und Quoten soll bis zum Jahr 2008 die zweitgrößte Freihandelszone der Welt – nach dem Europäischen Wirtschaftsraum – entstehen. In ihr werden auf über 21 Mio. km^2 mehr als 380 Millionen Verbraucher leben. Die NAFTA steht weiteren Mitgliedern offen; so ist z. B. Chile an einem Beitritt interessiert.

3.3 Vertragsinhalt

Zu den Hauptpunkten des Abkommens zählen:

- Beseitigung von Handelshemmnissen und Erleichterung der grenzüberschreitenden Bewegung von Gütern und Dienstleistungen innerhalb der Freihandelszone;
- Schaffung von Bedingungen für einen fairen Wettbewerb;
- verbesserte Investitionsmöglichkeiten innerhalb der Freihandelszone;
- Schutz geistigen Eigentums;
- Schaffung effizienter Strukturen zur Umsetzung und Implementierung des Abkommens;
- Grundlage für weitere regionale, trilaterale und multilaterale Kooperationen und damit Erhöhung des Nutzens des Abkommens.

Das Abkommen sieht einen gestaffelten Zollabbau vor. So wurden z. B. seit 1994 84 % der Zölle für Nicht-Erdöl-Importe aus Mexiko abgeschafft, im Gegenzug befreite Mexiko 43 % der Importe von Zöllen. Bei anderen Gütern wurde eine Übergangsfrist von 5 bis 10 Jahren, bei der Landwirtschaft bis zu 15 Jahren festgelegt. Das Abkommen ist **WTO-konform** und schließt eine Benachteiligung von Drittländern aus. Die Freizügigkeit von Arbeitskräften ist nicht vorgesehen.

3.4 Bilanz

Die Außenhandelsbeziehungen zwischen Kanada, Mexiko und den USA haben sich positiv entwickelt. Der Warenaustausch ist seit Gründung der NAFTA um über 75 % gestiegen. Damit verbunden ist eine Zunahme an Arbeitsplätzen in den USA um 7 %, in Kanada um 10 % und in Mexiko um 22 %.

- Mexikos Außenhandel weist einen Aufwärtstrend auf. Nationale und multinationale Unternehmen nutzen die niedrigen Löhne und den zollfreien Marktzugang in die USA.

- Die USA können ihren Handel mit den beiden anderen NAFTA-Staaten ausbauen. Mit dem Erstarken der mexikanischen Wirtschaft wird sich der Export von Investitions- und Konsumgütern weiter beleben.
- Kanadas Wirtschaftsbeziehungen zu den USA haben sich nicht wesentlich verändert, jedoch verstärkt sich der Umfang des Handels mit Mexiko.

Erwartete Integrationseffekte der NAFTA in den Mitgliedsstaaten

NAFTA-Effekte auf:	USA	Kanada	Mexiko
Bruttoinlandsprodukt			
Veränderung in % (pro Jahr)	0,0–0,51	0,12–0,70	–0,04–12,68
Außenhandel			
Zunahme der Exporte in % (pro Jahr)	2,4–2,8	5,1	12,9–53,6
Zunahme der Importe in % (pro Jahr)	1,9–2,1	4,7–4,8	9,7–13,0
Beschäftigung			
absolute Veränderung bis 2000	+171 000 bis – 900 000	–	+600 000 bis – 2 Mio.

Aufgrund des wirtschaftlichen Erfolgs gibt es Überlegungen, eine Freihandelszone aller amerikanischen Staaten zu bilden. Die **FTAA** (Free Trade Area of the Americas) würde einen Markt für 850 Mio. Verbraucher mit einer Kaufkraft von mehr als 1300 Mrd. Dollar entstehen lassen.

Stadtland USA

1 Entwicklung und Struktur der US-Stadt

1.1 Geschichtliche Entwicklung

In den USA gibt es nur wenige Städte im europäischen Sinn, dazu zählen nur New York, San Francisco, Chicago und Washington. Im 19. Jh. wurde das amerikanische Landschaftsbild vor allem durch die Erschließung und Besiedlung des Mittleren Westens und des Westens geprägt. Mit fortschreitender Erschließung wuchs das Netz der Siedlungen. So war die ursprüngliche amerikanische Stadt, soweit man in den neu erschlossenen Gebieten aufgrund der geringen Einwohnerzahl der Siedlungen überhaupt schon von Städten in heutigem Sinn sprechen konnte, zunächst noch von europäischen Vorstellungen geprägt. Zahlreiche Siedlungen entstanden in dieser Zeit, wobei sich manche als Fehlplanung erwiesen und wieder aufgegeben wurden. Andere stagnierten und entwickelten sich nicht fort.

Die meisten Städte aber wuchsen weiter. Das zunehmende Netz von Straßen, Kanälen und Eisenbahnlinien sorgte zur Zeit der Industrialisierung für eine gewaltige Veränderung des Erscheinungsbildes. Die Städte wuchsen ungeheuer schnell aufgrund hoher Immigrationszahlen, Landflucht, Industrialisierung und natürlicher Bevölkerungszunahme. Das 20. Jahrhundert stand damit ganz im Zeichen der **Verstädterung**, die Städte uferten aus und erstreckten sich weit ins Umland hinein.

Das Erscheinungsbild und der Charakter einer amerikanischen Stadt wurde von zwei Faktoren geprägt: der Straßenführung und dem Raster der Bebauung. Bei der Erweiterung der Siedlung ins Umland war genügend Platz vorhanden. Man bediente sich bei der Planung der Straßenführung in den meisten Fällen des **Schachbrettmusters** (gridiron pattern). Dabei wurde die neue Siedlungsfläche in Quadrate von etwa 100 x 100 m eingeteilt. Der Straßenverlauf war gerade und orientierte sich an den Himmelsrichtungen. Die Städte waren übersichtlich gegliedert und boten leichte Orientierung. Aufgrund des Schachbrettmusters wurden die Straßen durchnummeriert, teilweise mit dem Zusatz der Himmelsrichtung, z. B. 25^{th}N für 25. Straße Nord.

Für die Bebauung des Siedlungsrasters gab es keine gesetzlichen Vorgaben. Jeder Grundstücksbesitzer und Bauherr konnte sein Haus nach seinen persönlichen Wünschen und Vorstellungen errichten. Meist waren es reine Zweckbauten aus Holz und zunächst ein- oder zweigeschossige Häuser. Versorgungsleitungen wie Strom und Telefon wurden oberirdisch verlegt. Es entwickelte sich eine Stadt mit einheitlichem Grundriss, aber sehr unterschiedlichem Aufriss. Geschäftshäuser und Bürogebäude wurden ebenfalls als reine Zweckbauten errichtet, allerdings als Steingebäude oder in Stahlbetonbauweise mit verglasten Fassaden. Nur bei Repräsentanzbauten wie Regierungs- und Parlamentsgebäuden, Museen oder Gerichtsgebäuden wurde auf die architektonische Gestaltung Wert gelegt. Sehr häufig wurden diese Gebäude im neoklassizistischen Stil errichtet.

1.2 Physiognomische Merkmale der amerikanischen Stadt

Von dem Erscheinungsbild der ursprünglichen amerikanischen Stadt ist heute nicht viel übrig. Die Flächenausdehnung der Städte nahm so stark zu, dass es zu einer weitgehenden **Zersiedlung** der Landschaft kam. Nicht mehr die Stadt mit ihrem Kern herrscht vor, sondern das **Stadtland**, die **urbanized area**. Die Gründe hierfür sind die amerikanische Lebensweise und der Wunsch vieler Amerikaner, ein eigenes Haus zu besitzen – nach Möglichkeit im Grünen in ländlicher Umgebung. Diese Flächenexpansion und das starke Bevölkerungswachstum der Städte kennzeichnen v. a. die 2. Hälfte des 20. Jahrhunderts.

In bevorzugten Wirtschaftsräumen ging die Entwicklung noch einen Schritt weiter. Es entwickelten sich regelrechte **Städtebänder** (strip cities). Als Beispiele können hier genannt werden: San-San (San Francisco – San Diego), Chi-Pitts (Chicago – Pittsburgh) oder die größte Megalopolis Bos-Wash (Boston – Washington). Es handelt sich um **Großregionen**, die zumeist mehrere Großstädte beinhalten, aber auch städtisch-ländliche Siedlungszonen, die weit in das Umland hinausgewachsen sind. Die Bevölkerungsdichte in diesen Städtebändern ist besonders hoch. Man findet ein besonders gutes und dichtes Verkehrsnetz vor. Zahlreiche mehrspurige Highways verbinden die Städte der **Megalopolis** miteinander, Anbindungen an das Schienennetz sind gegeben und viele Flughäfen stellen die nationale und internationale Anbindung an andere Wirtschaftsräume sicher.

Die Lage der „Bos-Wash-Region“

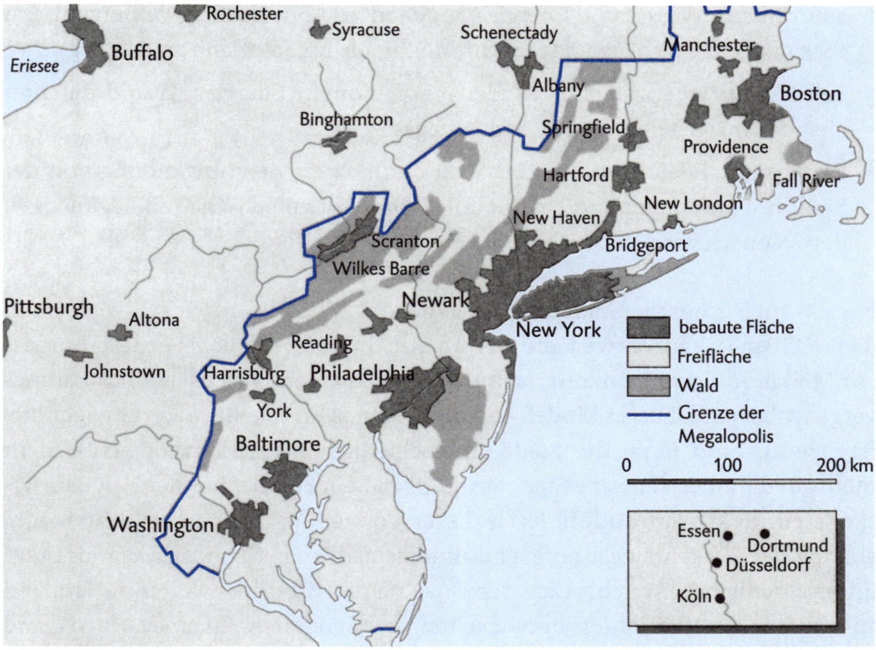

Die Entwicklung der ausufernden Städte entspricht im Kern dem amerikanischen „way of life“. Es gibt eine ganze Reihe von Faktoren, die zu der Entwicklung des **Stadtlandes** führten:

- Zurückgehend auf den **Pioniergeist** (frontier spirit) bei der Erschließung des Westens ist bei den Amerikanern ein stark ausgeprägter Wunsch nach Freiheit, Selbstentfaltung, Glück und (materiellem) Erfolg vorhanden. Entscheidungen werden vor allem durch den erwarteten persönlichen Erfolg bestimmt.
- Im Gegensatz zu mitteleuropäischer Städteplanung wurden die Städte in den USA von **Privatunternehmern** und privaten Investoren gebaut. Nicht die Planung unter einem Gesamterscheinungsbild stand im Vordergrund, sondern der materielle Nutzen.
- Die Größe und Weite des Landes verführte die Amerikaner dazu, großzügig und sorglos mit dem vorhandenen Land umzugehen. War es bei der Erschließung des Landes eine **rurale Landnahme**, so kann man in den letzten Jahrzehnten von einer **urbanen Landnahme** sprechen.

- Amerikaner gehen noch immer sehr verschwenderisch mit natürlichen Ressourcen um. Wasser und Energie werden in großem Umfang verbraucht, um Parkanlagen, Golfplätze oder Swimmingpools im Stadtland anzulegen.
- Selbst in Wüstengebieten werden unter hohem Energieaufwand entsprechende Anlagen gebaut, z. B. in Las Vegas.
- Elektronik, Telefon und Auto haben den Prozess der Abwendung von der Stadt hin zum Stadtland beschleunigt. Diese Errungenschaften begünstigen den Wunsch nach freiheitlichem Leben.

Für die amerikanische Stadt sind verschiedene Modelle entwickelt worden. In den 1920er-Jahren entwickelte der amerikanische Soziologe Ernest Burgess ein Modell in Form **konzentrischer Kreise**, die dem Wachsen eines Baumes vergleichbar sind. Dieses Modell vereinfacht zu sehr: Die Bevölkerung lebt differenzierter und nutzt die Stadt unterschiedlicher. Es ist daher heute nicht mehr auf die amerikanische Stadt anwendbar. Sein Schüler Homer Hoyt entwickelte ein **Sektorenmodell**. Nach dieser Vorstellung dehnen sich die Städte entlang der Verkehrswege aufgrund unterschiedlicher Grundstückspreise und unterschiedlicher Erreichbarkeit der einzelnen Stadtbezirke weiter ins Umland aus. In den 1940er-Jahren entwickelten die Geografen Chauncy Harris und Edward Ullman schließlich das **multinukleare Modell**.

Die klassischen Modelle der nordamerikanischen Stadt

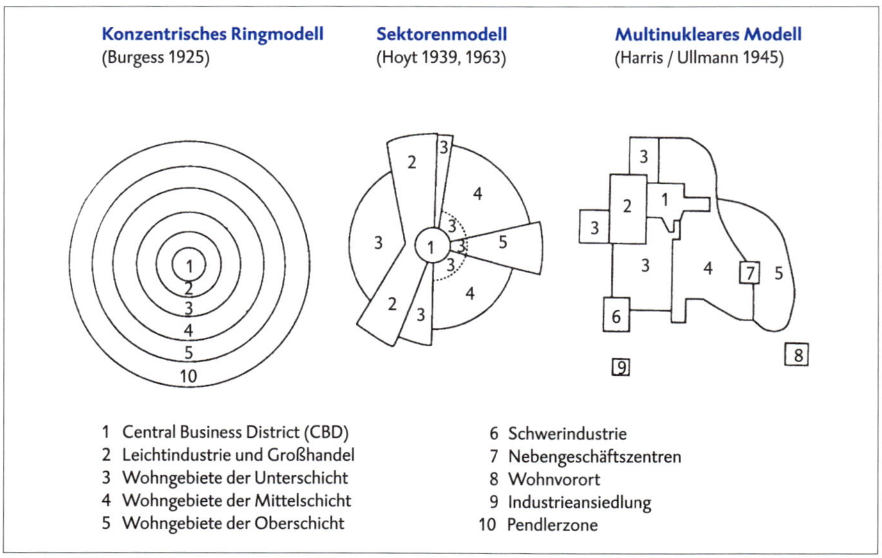

Dieses lässt bereits Ansätze des sich später entwickelnden typischen amerikanischen Stadtlands erkennen. Es geht nicht mehr von einem (Stadt)-Kern, sondern von einer Vielzahl von Kernen mit unterschiedlichen Funktionen aus.

Im Zusammenhang mit dem Stadtland sind drei Begriffe von Bedeutung. Da ist zunächst die **Downtown**, in Nordamerika die allgemein übliche Bezeichnung für **Innenstadt** oder City. Die Bezeichnung geht auf den südlichsten Teil der Insel Manhattan in New York zurück. Den Kern der Downtown bildet der **Central Business District** (CBD), das eigentliche **Geschäftszentrum** einer Stadt. Hier konzentrieren sich die Wolkenkratzer (**skyscraper**) in denen sich der Einzelhandel der Luxusklasse, die Verwaltungseinrichtungen großer Firmen, Banken, Versicherungen, Anwaltskanzleien etc. etablieren. Der CBD gilt als gute Adresse und wird von vielen Firmen aus Imagegründen genutzt. Eine günstige Anbindung an das Umland und den Flughafen ist in der Regel durch Stadtautobahnen, innerstädtische Eisenbahnlinien oder ein gut ausgebautes U-Bahnnetz gewährleistet.

Es schließt sich eine **Übergangszone** an, in der mehrgeschossige Bauweise vorherrscht. Auch hier finden sich Einzel- und Großhandel, zur Zeit der Industrialisierung ließen sich hier Industriebetriebe nieder. Während in den Untergeschossen gewerbliche Nutzung vorherrscht, werden die oberen Geschosse zu Wohnzwecken genutzt. Die dritte Zone ist das **Stadtumland** mit den Vorstädten, den **suburbs**. Das eingeschossige Einfamilienhaus mit Garage und möglichst mit Swimmingpool dominiert.

Stadtansicht San Francisco

Die amerikanischen und europäischen Städte unterscheiden sich deutlich: Die **europäische** Stadt ist in der Regel älter und historisch gewachsen. Oft prägen mehrere Kirchtürme das Bild der Innenstadt. An den Altstadtkern schließt sich meist eine Hochhausbebauung mit Verwaltungs- und Dienstleistungsfunktionen an. Im Zuge des Städtewachstums hat sich die Stadt ringförmig oder radial erweitert, was sich in einer geschlossenen 2- bis 4-geschossigen Bauweise zeigt. Es bildeten sich weitere **Sub-Zentren**, die durch Hochhäuser geprägt sein können. Nach außen hin folgt die Einfamilienhausbebauung im Grünen.

Die **nordamerikanische** (Groß-)Stadt ist durch eine im Vergleich zur gesamten Stadtfläche kleine Innenstadt mit enger Wolkenkratzerbebauung gekennzeichnet. Es sind durchaus noch vier- bis fünfgeschossige Häuser aus der Gründungsphase der Städte anzutreffen. Der Wechsel in die sich anschließende Übergangszone mit niedrigerer Bebauung ist sehr markant.

2 Die US-amerikanische Stadt im Wandel

2.1 Strukturveränderungen der nordamerikanischen Stadt

Die Strukturveränderung der Innenstädte verlief in mehreren Phasen. Die erste Phase war gekennzeichnet durch die **Suburbanisierung**. Mit der zunehmenden Verbreitung des Autos sahen sich die Städte mit bis dahin ungeahnten Problemen konfrontiert. Die engen Innenstädte waren für den stark wachsenden individuellen Autoverkehr nicht ausgebaut. Es fehlten ein leistungsfähiges Straßennetz und ausreichender Parkraum in den Cities. In den Hauptverkehrszeiten (**rush hours**) kam es deshalb zu langen Staus und entsprechendem Zeitverlust. Daher begann die mittelständische Wohnbevölkerung sich zum **Stadtrand** zu orientieren. Dieser Schritt vollzog sich zunächst hauptsächlich entlang der Ausfall- und Schnellstraßen. An verschiedenen Stellen entstanden Siedlungen, Werkstätten, Geschäfte und Industrieanlagen. Dazwischen blieben weite Flächen mit Feldern, Wiesen und Wäldern unbebaut. Diese anfangs sehr ungeregelte Bebauung nennt man „leap frogging“ (Froschhüpfen). In der Folgezeit entstanden durch Einfamilienhäuser geprägte Wohnsiedlungen.

Es entwickelte sich der Trend, Arbeitsstelle und Wohnsitz zu trennen. Man pendelte vom Wohnsitz zur Arbeitsstelle in die Innenstädte, zunächst noch mit dem eigenen Auto, heute aufgrund der Parksituation zunehmend mit Bahnen. An dieser Entwicklung waren überwiegend Weiße beteiligt. Die von ihnen aufgegebenen Wohnungen in der Stadt vermieteten die Besitzer an weniger Wohlhabende, die sich das Haus am Stadtrand (noch) nicht leisten konnten. Auch diese versuchten jedoch bald, die Innenstädte zu verlassen. In die Stadtwohnungen zogen Schwarze, Angehörige ethnischer Minderheiten und Immigranten. Der niedrige Lebensstandard dieser Bevölkerungsgruppen brachte Probleme mit sich wie Arbeitslosigkeit, Kriminalität und Drogenkonsum.

Modellhafter Wandel US-amerikanischer Großstädte

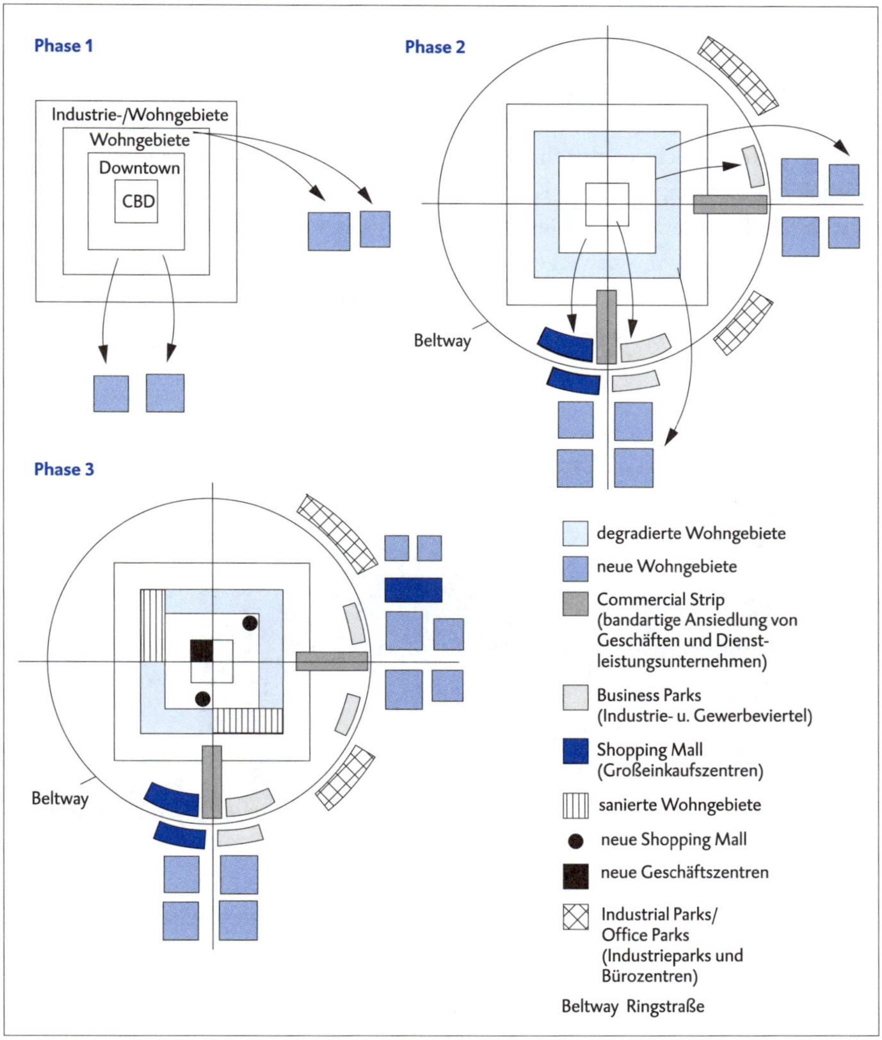

Auch die Hausbesitzer hatten wenig Interesse, in ihre Immobilien zu investieren, und so verfiel die Bausubstanz immer mehr. In manchen Stadtvierteln entstanden auf diese Weise **Elendsviertel**, die **Slums**. Die Miete brachte meist keinen Gewinn mehr, sodass nach und nach immer mehr Häuser leer standen. Oft wurden sie abgerissen, es entstanden Freiflächen, regelrechtes Ödland in den Innenstädten. Die verlassenen Areale wurden dann höchstens noch als Parkplatz vermietet. Diese Entwicklung hatte auch schwerwiegende Folgen für die Kommunen. Durch den Wegzug der Wohlhabenden gingen auch die besten Steuerzahler verloren. Die Verwaltungen waren oft nicht mehr in der Lage, ihre öffentlichen Aufgaben zu erfüllen. Das Niveau in den Schulen sank und die Gesundheitsfürsorge wurde eingeschränkt.

Die zweite Phase der Veränderung, die teilweise parallel mit der ersten verlief, ist gekennzeichnet durch die Herausbildung der **Malls**. Weil zwischenzeitlich die zahlungskräftige Käuferschicht in den Stadtrandgebieten wohnte, hatte auch der Handel seine Geschäfte oder Filialen in diese Bereiche verlegt. Da Platz vorhanden war, entwickelten sich Malls, riesige **Einkaufszentren**, meist überdacht, mit einigen tausend Parkplätzen, Drive-in-Restaurants und Drive-in-Shops. Die Downtowns verloren damit immer mehr an Bedeutung.

Verfallene Bausubstanz in der Innenstadt

In einer weiteren Phase verließen auch die Industrie und der Großhandel die Innenstädte und wanderte in **industrial parks** am Stadtrand ab. Man suchte die Nähe der Shopping Center, die bessere Verkehrsanbindung in den Stadtrandbereichen. Verlief die Entwicklung der nordamerikanischen Innenstädte etwa bis zum Zweiten Weltkrieg nach europäischem Muster, d.h. die Innenstädte umfassten Wohnstätte, Arbeitsplatz und Versorgungszentrum, so setzte in der zweiten Hälfte des 20. Jahrhunderts ein Wandel ein. Die CBD-Bereiche der Städte verloren an Bedeutung. Selbst Teilbereiche des tertiären Sektors, abgesehen von Firmen in den Bürotürmen im CBD, wanderten ab. Derzeit befinden sich etwa 60 % der Büroflächen in Außenzentren.

Die Zahl neuer städtischer Zentren, **edge cities**, die sich seit gut drei Jahrzehnten herausgebildet haben, nimmt ständig zu. Damit ist die dritte und vorerst letzte Phase der Strukturveränderung amerikanischer Städte erreicht.

2.2 Das heutige Erscheinungsbild nordamerikanischer Städte

Heute versorgen annähernd 20 000 **Shopping Center** die amerikanische Bevölkerung. Den Kern bildet in der Regel die **Mall**. Dabei handelt es sich um einen ein- bis dreigeschossigen Gebäudekomplex, in dem zwischen 100 und 250 Einzelhandelsgeschäfte, Drugstores, Supermärkte und Kaufhäuser untergebracht sind. Die Kaufhäuser bilden meist den Abschluss am Anfang und Ende der Mall. In den Randbereichen der Malls haben sich andere Dienstleistungsbereiche wie Banken, Tankstellen, Gartencenter, Baumärkte, Hotels, Motels, Restaurants, Fitness-Center und Sportanlagen angesiedelt. In nicht allzu weiter Entfernung befinden sich Reihenhaus- oder Eigenheimsiedlungen.

Scottsdale Fashion Mall in Phoenix, Arizona

Die Shopping Center sind ganz auf den Pkw-Benutzer und den Individualverkehr ausgerichtet. Es fallen sofort die riesigen Parkflächen für bis zu 10 000 Autos auf. Sie sind um die Mall herum angelegt und ermöglichen es dem Besucher auf möglichst kurzen Wegen den Einkaufskomplex zu erreichen. Die Gesamtgröße dieser Anlagen übertrifft die Flächen der alten Downtowns der jeweiligen Großstadt um das Drei- bis Vierfache.

Während in den Downtowns der Einkauf mit weiten Wegen, Lärm, Abgasen, Stress und Parkplatzsuche verbunden war, sollen die Kunden in den Malls in einer angenehmen Atmosphäre einkaufen können. Diese sind überdacht, klimatisiert und durch Springbrunnen und kleine Grünanlagen aufgelockert. In unmittelbarer Nähe der Malls findet man teilweise naturbelassene Grünanlagen und Freizeitmöglichkeiten.

Die CBDs haben in den letzten Jahrzehnten ihre Bedeutung weitgehend verloren. Der Umsatz des Einzelhandels in den innerstädtischen Gebieten macht nur noch etwa 5 % des Gesamtumsatzes aus. Auch das Käuferpotenzial hat sich aus den Innenstadtbereichen in das **Stadtumland** verlagert.

Die Konzeption der Mall in Greeley (Colorado)

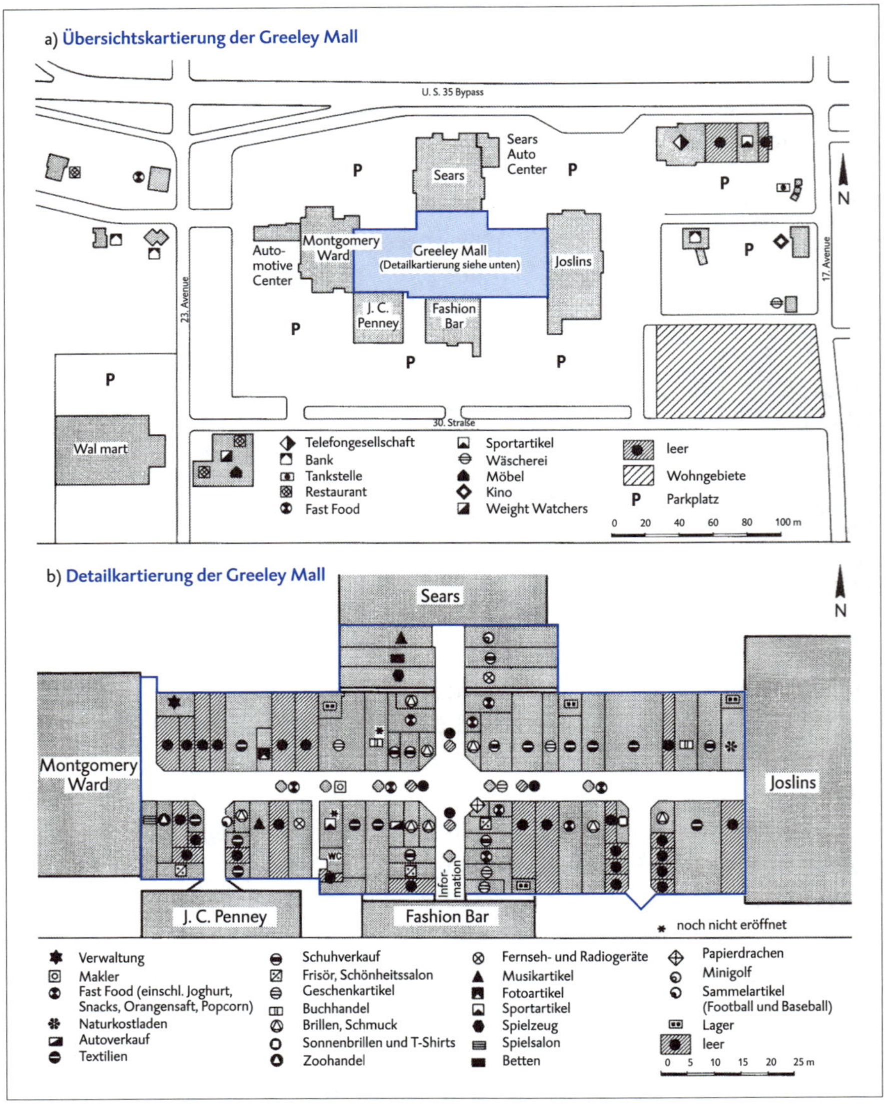

Die edge cities verdeutlichen am besten die Veränderung der städtischen Landschaft. Durch die starke Ausbreitung der Urban Areas (Stadtumlandbereiche) kam es zu einem extremen Gefälle zwischen der alten **Innenstadt** (inner city) und der **Randstadt** (outer city). Pendelten die Bewohner der suburbs in der Anfangsphase morgens in die Innenstadt ein und abends wieder aus, so hat sich das Bild gewandelt. Die Zahl der Einpendler in die edge cities ist inzwischen größer als die Zahl der Auspendler. Die suburbs waren früher reine Schlafstädte. Heute überwiegt die Tagbevölkerung. Das Versorgungsangebot in den edge cities ist durchaus mit dem Angebot einer Mall gleichzusetzen. Die Bewohner akzeptieren sie inzwischen als ihr Zuhause.

Dennoch ist das Wohnen in den suburbs und den edge cities auch mit Wegen verbunden. Den Bäcker um die Ecke gibt es nicht, man muss schon das Auto aus der Garage holen. Aber die Bewohner fühlen sich in ihren komfortablen Eigenheimen mit Garten und dem nahen Golfplatz wohl. Die bestmögliche Schule für die Kinder ist höchstens zehn Kilometer entfernt. Die gelben Schulbusse sorgen für den reibungslosen Transport der Schüler. Die Bewohner fühlen sich in ihrer **suburbia** sicher. Der Kontakt zu den Nachbarn unterstützt dieses Gefühl. Die Verbindung zur „weiten Welt" wird durch Fernsehen oder das Internet hergestellt.

Doch dieses Leben hat auch eine andere Seite. Durch den Wunsch, außerhalb der Stadt zu leben, werden weite Landstriche zersiedelt. Staatliche Regelungen für eine geordnete Nutzung der Flächen gibt es kaum. Auch die soziale Integration von ethnischen Minderheiten wird kaum umgesetzt. Ein religiöses Nebeneinander lässt man gelten, doch sozial Schwache sind als Nachbarn nicht gern gesehen.

Exkurs: Die Renaissance der Stadt

Der Strukturwandel, vor allem im Manufacturing Belt, machte den Städten schwer zu schaffen. Viele Arbeiter verloren ihren Job. Zu den ökonomischen traten eine Reihe ökologischer Probleme. Besonders hart traf diese Entwicklung die Stadt **Cleveland** am Eriesee. Als Zentrum der Stahlproduktion und des Lokomotivenbaus war Cleveland von der Mitte des 19. Jhs. bis etwa 1960 eine Boomstadt. Nach Gründung der Standard Oil Company durch Rockefeller entstanden in der Umgebung große Erdölraffinerien. Doch seit Mitte der 1960er-Jahre ging es wirtschaftlich schnell abwärts. Die Innenstadtbereiche entvölkerten sich und verfielen. 1978 war die Stadt zahlungsunfähig. Die Schulden waren auf über 110 Mio. Dollar gewachsen und 70 000 Arbeitsplätze verloren gegangen.

Cleveland half sich selbst: 1982 gründeten etwa 50 große Firmen zusammen mit Banken und Politikern eine Entwicklungsgesellschaft. Ziel war die Sanierung der Industrie. Eine private

Fördergesellschaft versuchte gleichzeitig den Tourismus zu fördern. Beide Gesellschaften arbeiteten eng zusammen und können heute beachtliche Erfolge vorweisen. Über 100 große sowie 70 000 kleine Firmen haben ihren Firmensitz wieder in Cleveland, darunter 650 Software-Firmen. Über 100 000 neue Arbeitsplätze im Dienstleistungsbereich sind entstanden, sodass der Verlust der Jobs in den alten Industrien mehr als ausgeglichen wurde.

- Auf dem Gelände des alten Eisenbahndepots entstand der Terminal Tower, ein modernes Einkaufszentrum mit Restaurants und Hard Rock Café.
- Die heruntergekommenen Lagerhäuser im Warehouse District wurden umgebaut und restauriert, die alten Backsteinbauten zu beliebten Wohnadressen.
- Die Konzerthalle mit 2 000 Plätzen wurde renoviert und Anfang 2000 wieder eröffnet.
- Am Seeufer wurde für über 90 Mio. Dollar die Rock-n-Roll Hall of Fame gebaut.
- Am Ufer des Cuyahoga River enstanden die Flats, ein Restaurant- und Vergnügungsviertel. 1969 war der Fluss dermaßen mit Öl verschmutzt, dass er in Flammen stand.
- Das Theaterviertel, der Playhouse Square, wurde mit hohem Kapitaleinsatz renoviert. Die Stadt rühmt sich, den größten Theaterdistrikt nach New York zu haben.

Wie in Cleveland werden in vielen amerikanischen Großstädten die Stadtkerne attraktiver gestaltet. Drei weitere Beispiele:

Pittsburgh: Das alte Stadtzentrum von Pittsburgh war zu einem Fabrikgelände und zu Slums heruntergekommen. Es wurde fast komplett abgerissen; ein neues Stadtviertel entstand. Pittsburgh setzt heute auf Forschung und Dienstleistung statt auf Eisen und Stahl. Die Stadt hat sich zu einem Zentrum der Medizin entwickelt. Tausende Arbeitsplätze entstanden im Bereich der Produktion medizinischer Geräte. Annähernd 110 000 Menschen arbeiten im Gesundheitswesen. Viele der insgesamt über 50 Kliniken im Raum Pittsburgh sind weltweit führend in der Organverpflanzung.

Baltimore: Auch das Hafenviertel in Baltimore war heruntergekommen; der alte Stadtkern war zum Zentrum von Kriminalität und Drogenkonsum geworden. Heute präsentiert sich das Viertel als Publikumsmagnet. Konzepte im Konsum- und Gourmetbereich bildeten eine Säule der Stadtkernerneuerung. Das Maryland Science Museum (Technik und Naturwissenschaft) und das National Aquarium locken Besucher an. Entscheidend für den Erfolg war die Ansiedlung der Baltimore Orioles, einer Spitzenmannschaft im Baseball. Sie tragen im Camden Yard, einem Stadion mit alter Backsteinfassade in der Innenstadt, ihre Heimspiele aus. Häufig sind die fast 50 000 Plätze ausverkauft und das Viertel ist von Leben und Stimmung erfüllt.

New York: Die Nutzungsstruktur der alten Hafenanlagen rund um die Spitze Manhattans hat sich ebenfalls gewandelt. Östlich des Battery Parks entlang des East River bis zur Brooklyn Bridge schuf man ein Unterhaltungs- und Vergnügungszentrum. Westlich des Parks schüttete man die alten Kaianlagen zu und baute eine neue Wohnstadt für rund 50 000 Menschen, in unmittelbarer Nähe des ehemaligen World Trade Centre gelegen. 10–15-geschossige Hochhäuser entlang des Hudson Rivers bieten allen Komfort. Die Flächen zwischen den Häusern sind autofrei, entlang des Hudson zieht sich eine Promenade mit Bänken und kleinen Grünanlagen. Selbst großflächige Kinderspielplätze sind vorhanden, trotz des teuren Baugrunds.

3 Das Verkehrssystem

Der Wunsch nach Freiheit und Unabhängigkeit der US-Amerikaner führte zur Städteausdehnung ins Umland, was eine starke Ausweitung des Individualverkehrs zur Folge hatte. Annähernd 90 % der in den USA produzierten Güter werden auch im Lande selbst verbraucht. Das erfordert ein vielfältiges und leistungsfähiges Verkehrssystem. Die USA haben mit rund 6,5 Mio. Kilometern das längste **Straßennetz** der Erde. Etwa eine halbe Million davon hat den Charakter einer Autobahn. Wegen der unterschiedlichen Bevölkerungsverteilung im Land ist im östlichen Teil der USA das Straßennetz am dichtesten. Im Mittleren Westen und in den Gebirgsgegenden der Rocky Mountains ist es weitmaschiger, während es an der Westküste (San-San) wieder erheblich an Dichte zunimmt. Die Infrastruktur des Straßennetzes ist in einigen dünner besiedelten Bundesstaaten verbesserungsbedürftig, was mit der finanziellen Situation der jeweiligen Staaten zu begründen ist. Das Fernstraßennetz ist gut, die vielspurigen Stadtautobahnen und die riesigen Verteilerknoten sind beeindruckend. Die riesigen Trucks spielen bei der Warenverteilung eine wichtige Rolle.

Die **Binnenschifffahrt** hat vor allem im Bereich der Großen Seen und im Bereich des Flusssystems des Ohio-Mississippi-Missouri für den Massenguttransport große Bedeutung, ebenso die Küstenschifffahrt für den Warenverkehr zwischen den großen Küstenstädten. Die **Seeschifffahrt** verbindet die großen Ein- und Ausfuhrhäfen der USA – über den St.-Lorenz-Seeweg auch die Städte an den Großen Seen – mit Handelspartnern in aller Welt.

Das **Eisenbahnnetz** der USA umfasst mit etwas über 200 000 Kilometern etwa ein Fünftel des gesamten Eisenbahnnetzes der Welt, obwohl in den letzten Jahrzehnten wie auch in anderen Industriestaaten zahlreiche Strecken stillgelegt wurden. Im Güterverkehr ist die Eisenbahn noch immer der wichtigste Verkehrsträger, allerdings dicht gefolgt von der Straße. Im gesamten Personenverkehr spielt die Bahn in den USA kaum eine Rolle. Die Bahnlinien sind in den USA überwiegend in privater Hand.

Größere Bedeutung im Personenverkehr haben die Busse. Neben dem Bus als Nahverkehrssystem in den Großstädten spielen die **Überlandbusse** als preiswertes Verkehrsmittel eine wichtige Rolle. Alle größeren Städte sind über solche Buslinien miteinander verbunden.

Das **Luftverkehrsnetz** in den USA ist besonders dicht. Wurden im Jahr 1998 weltweit rund 2,5 Mrd. Personen befördert, so hatten die USA hieran einen Anteil von knapp 50 %. Die Ursachen für die hohen Passagierzahlen sind vielfältig. Das Flugzeug überbrückt große Entfernungen sehr schnell. Viele

Großfirmen unterhalten ihre eigenen Flugzeuge, um schnell und unabhängig zu sein. Das Privatflugzeug ist als Hobby weit verbreitet. Im Rahmen der Globalisierung hat auch der internationale Flugverkehr stark zugenommen.

Wichtigstes Verkehrsmittel in den USA ist und bleibt das private **Auto**. Der persönliche Individualverkehr ist sehr stark ausgeprägt. Allein schon wegen der städtischen Wohnstruktur ist die amerikanische Familie auf das Auto angewiesen. Wenn auch das öffentliche Nahverkehrsnetz (Busse, U-Bahnen, Nahverkehrszüge) in den Innenstadtbereichen gut ist, kann die Anbindung der suburbs und der edge cities an die Innenstadt oder auch die Verbindung der Vororte untereinander nicht als besonders günstig bezeichnet werden.

4 Mobilität – gesellschaftliches Merkmal im Spiegel der Stadt

„Another day – another dollar" lautet ein Leitspruch vieler Amerikaner. Man glaubt, dass jedem eine berufliche Chance mit entsprechendem Aufstieg und besserem Verdienst offen steht. Für dieses Ziel ist der Amerikaner bereit, auch seinen Wohnsitz zu wechseln. So zieht statistisch gesehen jeder Amerikaner im Durchschnitt alle fünf Jahre um.

Der **Wohnungswechsel** muss sich nicht auf die Stadt und ihr Umland beschränken. Entfernungen von 2 000 Kilometern sind keine Seltenheit. Für einen besseren Arbeitsplatz ist man schnell bereit, sein Haus zu verkaufen, um sich an anderer Stelle ein neues zu kaufen. Die gesamte Abwicklung ist sehr einfach und unterstützt den häufigen Ortswechsel. Man zahlt einem Makler etwa 10 % des Kaufpreises, der Rest wird in Raten beglichen. Doch meist wird das Haus wieder aufgegeben, ehe es voll bezahlt ist. Man verkauft sein Haus mit einem Großteil der Einrichtung und übernimmt ebenso oft Teile der Einrichtung des erworbenen Hauses. Auch die schlichte Bauweise und eine gewisse Uniformität des Baustils begünstigen den schnellen Wechsel. In einzelnen Fällen ziehen die Amerikaner mit ihrem kompletten Haus um.

Eine Besonderheit des Wohneigentums und eine Sonderform der Siedlungen ist das **mobile home**. Es ist die Weiterentwicklung eines Wohnwagens und die Steigerung des Fertighauses. Das Haus wird im Gegensatz zum Fertighaus nicht erst an seinem Standort montiert, sondern bereits fertig gebaut angeliefert. Die schlichte Ausstattung dieser Häuser ermöglicht es auch den einkommensschwächeren Bevölkerungsschichten, Eigentum zu erwerben.

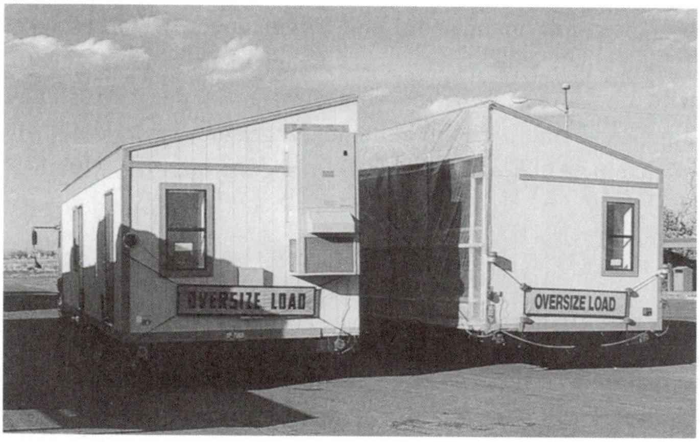

Die mobile homes werden in den USA oft geteilt und auf Tiefladern über große Strecken transportiert.

Das mobile home ist eine typisch amerikanische Erfindung. Das traditionelle Haus des Amerikaners in den Vorortsiedlungen ist ein einzeln stehendes Holzhaus, das auch von den meisten Amerikanern als Besitz angestrebt wird. Das mobile home als Wohnform kommt den Wünschen sehr entgegen, zumal es eine preiswerte Alternative zu den traditionell gebauten Häusern darstellt. Es wird auf eigenen Grundstücken oder in sogenannten **mobile home parks** aufgestellt. Der Besitzer eines entsprechend großen Grundstücks liefert die Infrastruktur wie Zugangswege, Wasser, Strom, Gemeinschaftseinrichtungen und vermietet die Standplätze wie auf einem Campingplatz. Die Bewohner fühlen sich sicher, da die Anlagen in der Regel durch einen Zaun abgetrennt sind und sich die Nachbarn kennen.

Betrachtet man die Entwicklung der amerikanischen Stadt hin zu den **urban areas**, so spiegelt sich auch darin deutlich die amerikanische Lebensweise wider. Man hängt eben nicht an seinem Haus. Ein Arbeitsplatz, sich wohl fühlen, im Grünen wohnen und seine Ruhe haben werden höher eingestuft als die Verwurzelung mit seinem Heim. Ein Umzug muss nicht unbedingt beruflich bedingt sein, zumindest nicht innerhalb der gleichen Stadt. So können **gesellschaftliche Einflüsse** eine große Rolle spielen. Man wohnt beispielsweise gern mit Gleichgesinnten oder Nachbarn der gleichen Einkommensklasse zusammen. Bei Familien mit schulpflichtigen Kindern entscheidet oft die Tatsache, ob es in erreichbarer Nähe eine passende Schule gibt. In der Regel fühlt man sich auch schnell heimisch, wenn man am neuen Wohnort eine den eigenen Vorstellungen entsprechende Glaubensgemeinschaft gefunden hat, die durchaus auch gesellschaftlich orientiert sein kann. Ein passender Sportclub in der Nähe kann die Entscheidung zu einem Umzug ebenfalls beschleunigen.

Amerikaner gehen offen miteinander um und aufeinander zu. Man schließt schnell Freundschaften, doch sind diese in der Regel nicht tief verwurzelt. **Nachbarschaftshilfe** und -freundschaften sind dagegen in den urban areas vom ersten Tag an die Regel und beruhen auf einer langen Tradition, die bis in die Pionierzeit zurückgeht. Auch diese Strukturen begünstigen die Mobilität des Amerikaners.

5 Florida: Rentnersiedlungen

Amerikaner wechseln durchschnittlich alle 5–6 Jahre ihren Wohnsitz und sind gegebenenfalls auch bereit, für einen besseren Arbeitsplatz über große Entfernungen umzuziehen. Entfernungen von 2 000 Kilometern spielen dabei keine Rolle. Doch nicht nur der Erwerbstätige zeigt dieses Mobilitätsverhalten, auch bei der älteren Bevölkerung ist es sehr ausgeprägt und weit verbreitet.
Gerade in der Zeit, da die Zahl der älteren Menschen in den USA stark zunimmt, findet man immer mehr Rentnersiedlungen (**retirement communities**). Sie können als Sonderform der Siedlung bezeichnet werden und liegen in den klimatisch bevorzugten Landschaften Nordamerikas.

Als Alterswohnsitz besonders beliebt sind die Region des **Sun-Belt** und Florida. Vor allem die Strände des Atlantischen Ozeans und des Golfs von Mexiko, das milde Klima in den Wintermonaten und die große Anzahl von Freizeitparks kommen dem Wunsch nach einem abwechslungsreichen und sorgenfreien Leben im Alter entgegen.

Sun City – Rentnersiedlung in Arizona

Die Siedlungen sind speziell für Menschen geplant, die ihr Arbeitsleben beendet haben, und ganz auf die Wünsche und Bedürfnisse ihrer Bewohner zugeschnitten. Es gibt keine Schulen oder Einrichtungen für Kinder. Um dem Gefühl nach Sicherheit gerecht zu werden, ist ein Wachdienst rund um die Uhr eingerichtet. In den Siedlungen befinden sich vor allem Sportanlagen, Klubräume, Bibliotheken, Mal- und Bastelstudios und Dienstleistungsangebote wie Post, Banken, Cafés, Reisebüros, Lebensmittelläden und Wäschereien. Teilweise bestehen Verbindungen zu nahe liegenden Universitäten, deren Einrichtungen genutzt oder deren Veranstaltungen besucht werden können.

Die **Rentnerstädte** sind durch aufgelockerte Bauweise und Grünanlagen ansprechend gestaltet. Die wohl größte und bekannteste Siedlung liegt außerhalb Floridas. **Sun City** in **Arizona** ist eine Stadt von mehr als 60000 Einwohnern, alle über 55 Jahre alt. Neben anspruchsvollen Siedlungen finden sich auch schlichte Mobile-Home-Siedlungen. Generell gilt, dass beinahe alle Rentnersiedlungen auf Menschen zugeschnitten sind, die gesund und in der Lage sind, ihren Lebensabend durch die Vielzahl der Angebote selbst zu gestalten. Das betreute Wohnen im Alter ist noch nicht sehr weit verbreitet, erste Ansätze sind aber auch hier zu erkennen.

Freizeitanlage in der Rentnersiedlung Sun City

Bevölkerungsstruktur und multikulturelle Gesellschaft

1 Entwicklung der Bevölkerung

Seit der ersten Bevölkerungszählung in den USA im Jahr 1800, die eine Einwohnerzahl von 5,3 Mio. ergab, ist die US-Bevölkerung bis heute auf das Fünfzigfache gestiegen. Im Zuge der territorialen Erweiterung im 19. Jahrhundert haben die USA sowohl ihre Fläche als auch ihre Einwohnerzahl vergrößert. Ein Grund hierfür ist die Einwanderung; u. a. auch die erzwungene Einwanderung von **Sklaven**. Die Bevölkerungszahl der USA stieg bis auf 76 Millionen um 1900. Auch im 20. Jahrhundert wuchs die US-Bevölkerung aufgrund anhaltender **Einwanderung** weiter; die Zuwachsraten waren aber weit geringer.

Die Entwicklung der Bevölkerung in den USA (1800–2050)

Jahr	Bevölkerung in Mio.	Veränderung in %
1800	5,3	–
1810	7,2	35,9
1820	9,6	33,3
1830	12,9	34,4
1840	17,1	32,6
1850	23,2	35,7
1860	31,4	35,3
1870	39,8	26,8
1880	50,2	26,1
1890	62,9	25,3
1900	76,0	20,8
1910	92,0	21,1
1920	105,7	14,9

Jahr	Bevölkerung in Mio.	Veränderung in %
1930	122,8	16,2
1940	131,7	7,3
1950	151,3	14,9
1960	179,3	18,5
1970	203,3	13,4
1980	226,5	11,4
1990	248,7	9,8
2000	275,3	10,7
2010	298,1	8,5
2020	322,6	8,2
2030	347,5	6,9
2040	368,0	5,6
2050	394,0	5,1

Die Angaben für 2010 bis 2050 sind Schätzungen des U.S. Census Bureau.

Das **natürliche Bevölkerungswachstum** war relativ hoch. In den 1990er-Jahren lagen die Geburtenraten im Durchschnitt bei 1,4 %, die Sterberate bei 0,9 %. Vergleichswerte für Deutschland liegen bei 0,9 % und 1,1 %. Insgesamt wuchs die US-Bevölkerung in diesem Zeitabschnitt um durchschnittlich 1 % pro Jahr, was rund 2,5 Mio. Menschen entspricht.

Die **Einwanderung** macht folglich einen erheblichen Anteil am Bevölkerungszuwachs aus. 1960 betrug der Anteil des Einwanderungsüberschusses am gesamten Bevölkerungswachstum noch 11,3 %, 1980 waren es bereits 27,4 % und 1993 rund ein Drittel. Die Schätzungen des U. S. Census Bureau gehen davon aus, dass sich die Trends bei natürlichem Bevölkerungszuwachs und Einwanderung bis zum Jahr 2050 fortsetzen und die USA dann 394 Mio. Einwohner haben werden. Schätzungen, die höhere Einwanderungszahlen annehmen, prognostizieren für das Jahr 510 Mio. Einwohner.

Die Einwohnerzahl entwickelt sich in den Bundesstaaten unterschiedlich. So stieg die Bevölkerungszahl von 1990 bis 2000 im Bundesstaat **Nevada** (66,3 %) am stärksten, gefolgt von **Arizona** (40,0 %) und **Colorado** (30,6 %). Staaten wie Kalifornien und New York sind zwar bevorzugtes Ziel von Einwanderern, dafür verlieren sie aber „Stammbevölkerung" durch deren Abwanderung in andere Bundesstaaten. Insgesamt hat die Bevölkerung in den westlichen und südlichen Staaten in den 1990er-Jahren stark zugenommen. Ein geringes Bevölkerungswachstum haben, bis auf wenige Ausnahmen, vor allem die Staaten des Nordostens zu verzeichnen. Auch für den Zeitraum 1995 bis 2050 werden die Staaten des Südens und Westens am stärksten wachsen, wie die folgende Tabelle zeigt:

Bevölkerungszuwachs im Zeitraum 1995–2050 (in Mio.)

Kalifornien	17,7	Arizona	2,2
Texas	8,5	North Carolina	2,1
Florida	6,6	Virginia	1,9
Georgia	2,7	New York	1,7
Washington	2,4	New Jersey	1,6

Unterschiede in der Altersstruktur, im generativen Verhalten und in der Zuwanderung führen dazu, dass das Bevölkerungswachstum einzelner Rassen und ethnischer Gruppen unterschiedlich ausfällt, was auch die ethnische Zusammensetzung der US-Bevölkerung beeinflussen wird. Von 1990 bis 2000 betrug beispielsweise das Bevölkerungswachstum der Weißen 5,9 %, der Schwarzen 15,6 %, der Hispanics 57,9 % und der Asiaten 48,3 %.

2 Aufbau und Zusammensetzung der Bevölkerung

Die im folgenden abgebildeten Bevölkerungspyramiden zeigen den typischen Wandel der Bevölkerungszusammensetzung in einem Industrieland im 20. Jh.. Im Jahr 1900 ist die **Pyramidenform** deutlich zu erkennen. Zu diesem Zeitpunkt hatten die Familien viele Kinder, die Basis der Alterspyramide ist noch relativ breit. 1970 hat sich das Bild völlig geändert. Die Pyramide ist schlanker geworden, die Basis schmaler, dafür ist der Anteil der Personen über 60 Jahre größer geworden. Bei dieser Bevölkerungspyramide wird erstmals eine Besonderheit in der Bevölkerungsentwicklung der USA erkennbar: Aufgrund der Aufbruchstimmung nach dem Zweiten Weltkrieg und wegen des kräftigen Wirtschaftsaufschwungs wurden zwischen 1946 und 1964 so viele Kinder geboren, dass die Amerikaner von einem **Baby-Boom** sprechen.

Der Baby-Boom dokumentiert sich in den breiten Balken der entsprechenden Altersstufen. Er ist auch noch in der Alterspyramide des Jahres 1995 gut erkennbar, die nun noch mehr von der ursprünglichen Pyramidenform abweicht. Der Altersaufbau in der Prognose für 2030 ist gekennzeichnet durch fast gleich starke Altersgruppen zwischen 10 und 70 Jahren. Für diesen Zeitraum bereitet der Baby-Boom den Sozialplanern Kopfzerbrechen, weil er 2030 zu einem überproportional hohen Anteil alter Menschen führen wird, was sich u. a. in erheblichen Sozialkosten niederschlagen wird. Erst wenn die Menschen des Baby-Booms sterben, wird sich die Bevölkerungspyramide im oberen Bereich „normalisieren". Sie wird in eine **Glockenform** übergehen.

Veränderung des Altersaufbaus der Bevölkerung der USA (1900–2030)

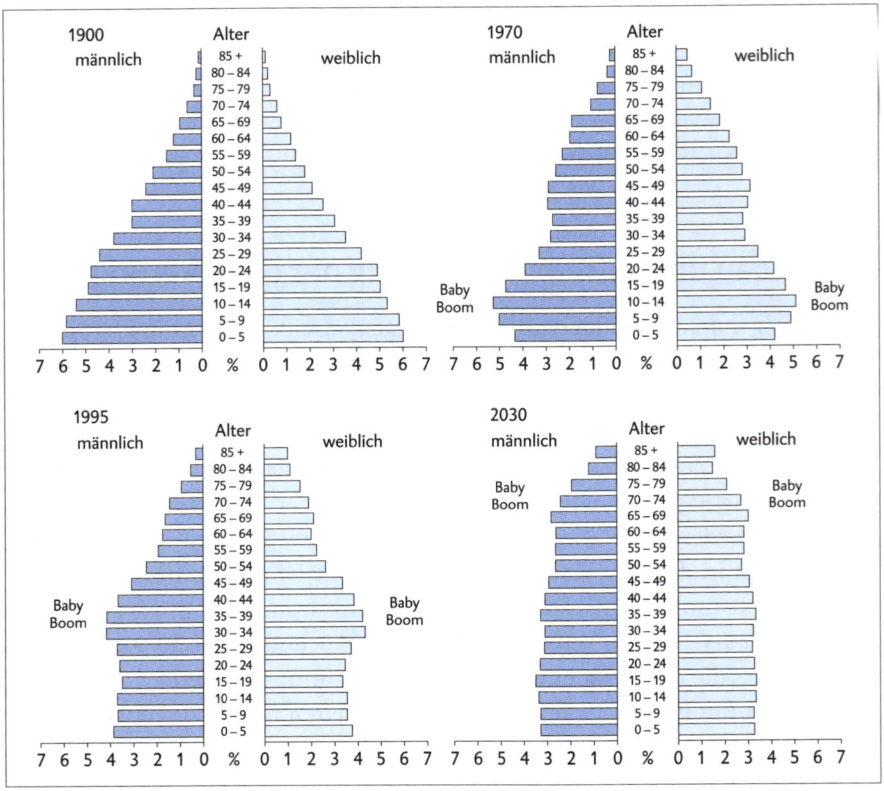

Die US-Bevölkerungsstatistik weist einige Besonderheiten auf: Die Bevölkerung wird unterteilt nach **Rassen** (race) und **Ethnien** (ethnicity).

Zu den Rassen zählen Weiße (white), Schwarze (black, african american), Asiaten (asian oder pacific islander), Indianer (american indian oder eskimo oder alëut) sowie „Andere". Bei den Ethnien wird zwischen hispanic und non-hispanic unterschieden. Da Hispanics unterschiedlichen Rassen angehören, kommt es hier zu einer Überlappung der Begriffe Rasse und Ethnie. In den Statistiken werden oftmals **Hispanics** den **Nicht-Hispanics** gegenüber gestellt. Das kann verwirren, v. a. wenn in der gleichen Statistik auch die Rassen enthalten sind und so die Prozentwerte zusammen mehr als 100 ergeben.

Da seit 1960 mehr Menschen aus Lateinamerika als aus Europa in die USA einwanderten und seit 1970 drei Viertel aller Einwanderer aus Asien und Lateinamerika stammten, hat sich der Anteil dieser Bevölkerungsgruppen an der Gesamtbevölkerung der USA ständig vergrößert.

Nach Angaben des U. S. Census Bureau setzte sich die **Bevölkerung** der USA 2000 wie folgt zusammen:

- Weiße: 75,1 %
- Schwarze: 12,3 %
- Asiaten: 3,6 %
- amerikanische Indianer, Alëuten und Eskimos: 0,9 %
- Andere: 8,0 %
- Hispanics (Hispanics können verschiedenen Rassen zugehören): 12,5 %

Im Jahr 2050 wird der Anteil der Weißen nach Schätzungen des U. S. Census Bureau nur noch knapp über die Hälfte betragen, während rund ein Viertel aller US-Bürger Hispanics sein werden. Auch der Anteil der Asiaten und Schwarzen wird sich vergrößern.

Schätzungen der Zusammensetzung der US-Bevölkerung (in %)

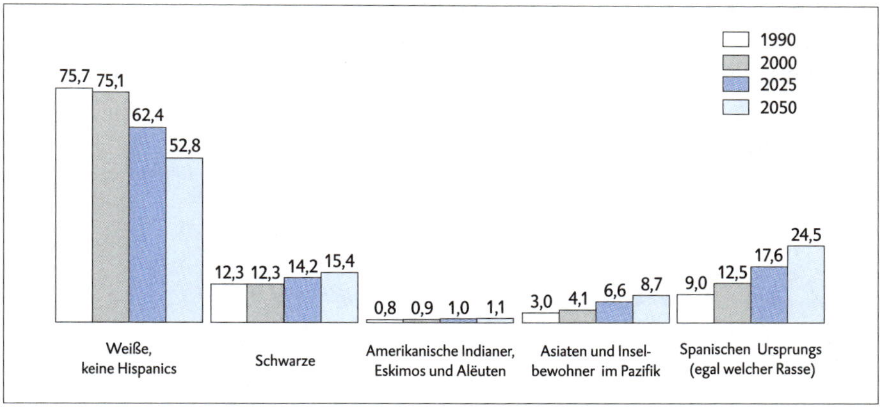

3 Regionale Verteilung der Bevölkerung

3.1 Bevölkerungsschwerpunkte

Auch der heutigen Bevölkerungsverteilung ist noch anzusehen, dass die meisten Einwanderer von der **Ostküste** der USA ausgehend das Land besiedelten. Mit der Westwanderung der Bevölkerung verschob sich auch der **Bevölkerungsschwerpunkt**, d. h. der Punkt, von dem aus gesehen nach allen Himmelsrichtungen die gleiche Zahl an Einwohnern lebt, weiter nach Westen. Um 1880 lag er noch in Maryland, 1900 in Indiana und heute befindet er sich im Ostteil des Staates Missouri. Nach wie vor aber wohnt der größte Teil der US-Bevölkerung im Nordosten des Staatsgebietes. Hier liegen die großen städtischen **Agglomerationen** (z. B. Boston, New York, Philadelphia) und der **Manufacturing Belt**. Der Westen und die Mitte –besonders die Plains und die Gebirgsregion – sind relativ dünn besiedelt. Allerdings hat der Zug in die **sunshine states**, der im Zweiten Weltkrieg begann und noch heute anhält, dazu geführt, dass auch die Staaten Kalifornien, Texas, Florida und mit etwas Abstand auch Washington zu den dicht besiedelten Regionen der USA zählen.

Die Bevölkerung in den Staaten der USA (2000) in Mio.

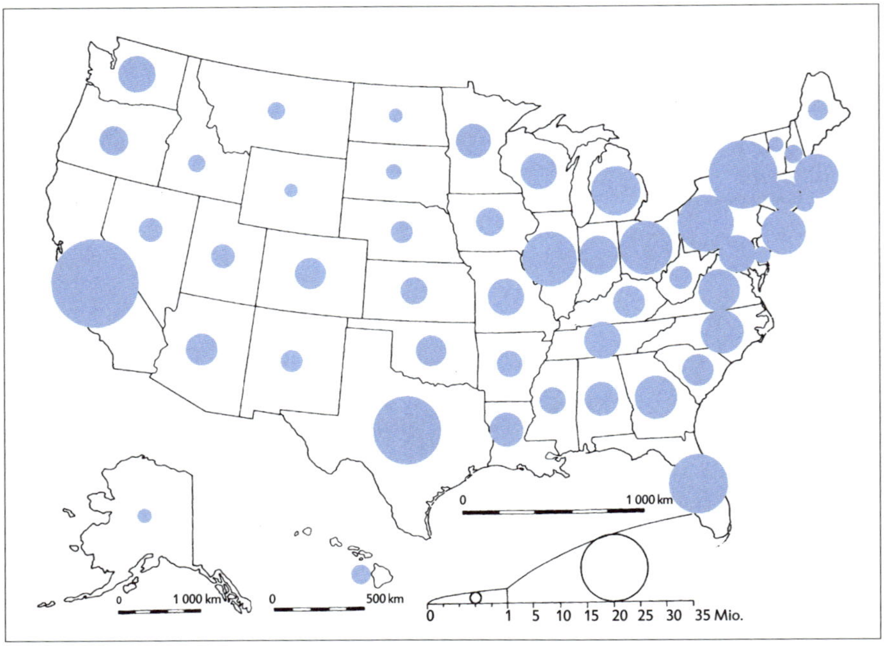

Im Jahr 2000 lebten 80,3 % der US-Bürger in **Städten** bzw. in den 273 von der US-Statistik definierten **metropolitan areas**. Sie nehmen flächenmäßig ein Fünftel der USA ein und beherbergen vier Fünftel der Bevölkerung. Von 1990 bis 2000 wuchs die städtische Bevölkerung um 13,9 % (USA insgesamt 13,1 %). Das Städtewachstum fand überwiegend im Süden und Westen statt, dort wurden 82 % des Zuwachses erzielt. Die im Zeitraum von 1990 bis 2000 am schnellsten gewachsene Stadt ist Las Vegas mit einem Zuwachs von 83,3 %, gefolgt von Naples (Florida) mit 65,3 %.

Die Bevölkerungsverteilung in der vorangegangenen Karte bezieht sich auf die gesamte Bevölkerung der USA, die zu rund drei Viertel aus Weißen besteht. Es lohnt daher, die Verteilung der übrigen Rassen und ethnischen Gruppen zu analysieren. Die schwarze Bevölkerung konzentriert sich noch immer in den ehemaligen „Sklavenstaaten" des Alten Südens. In Louisiana und Mississippi beträgt der Anteil der Schwarzen an der Bevölkerung jeweils fast 40 %. Zu den weiteren – weit weniger ausgeprägten – Schwerpunkten schwarzer Bevölkerungsgruppen zählt New York mit seinen Nachbarstaaten. In den nördlichen Plains-Staaten hingegen leben kaum Schwarze.

Auch das Verbreitungsmuster der Hispanics ist typisch und ergibt sich aus der räumlichen Nähe der Staaten des Südwestens zu Mexiko. In Kalifornien, Texas und vor allem New Mexiko leben besonders viele Hispanics. Die Arbeitsmöglichkeiten in der Intensivlandwirtschaft und die Aussicht auf einen besseren Lebensstandard lockten viele Mexikaner über die Grenze. Relativ hohe Hispanic-Anteile finden sich auch im **„Schmelztiegel"** (melting pot) New York und in Florida. Hier sind es vor allem Einwanderer aus dem karibischen Raum, darunter viele Flüchtlinge aus Kuba, die in Städten wie Miami große eigene Viertel gebildet haben.

Exilkubaner in einer Zigarrenmanufaktur in Miami

Die Asiaten kamen als Einwanderer in der Regel über den Pazifik an die Westküste und blieben meist auch dort. Deshalb weisen – neben New York – Kalifornien, Nevada und der Bundesstaat Washington den größten Anteil asiatischer Bevölkerung auf, der aber im Vergleich zu den Schwarzen und Hispanics niedrig bleibt. Die Konzentration asiatischer Einwanderer setzt sich auch jenseits der Grenze Washingtons fort, wo im kanadischen British Columbia, vor allem in Vancouver, eine große asiatische Bevölkerungsgruppe lebt.

3.2 Migrationen

Im Gegensatz zu vielen Europäern gelten die Amerikaner als wenig „bodenständig“. Sie ziehen im Durchschnitt 14-mal in ihrem Leben um. Sichtbar wird dies u. a. an den vielen **Mobile Home Parks** und **Trailer Parks**.

Nach Angaben des U.S. Census Bureau sind von 1995 bis 2000 120 Mio. US-Bürger umgezogen, das sind 46 % der Gesamtbevölkerung. Trotz der für deutsche Verhältnisse sehr hohen Zahl waren Umzüge in den USA früher noch häufiger. Zwischen 1950 und 1970 zogen jedes Jahr rund 20 % der Gesamtbevölkerung um. Von den 120 Mio. Umzügen im Zeitraum 1995 bis 2000 vollzogen sich

- 54,5 % im selben county,
- 21,1 % von county zu county im selben Staat,
- 18,4 % von Staat zu Staat und
- 6,0 % waren Umzüge vom Ausland in die USA.

Bezüglich der Umzüge lassen sich Unterschiede bei den **Altersgruppen** und **Ethnien** feststellen. So zog von 1995 bis 2000 jeder Dritte der 20 bis 30-Jährigen um, aber nur jeder Zehnte der Über-60-Jährigen. Von den Weißen sind 43,8 % umgezogen, von den Schwarzen 48,7 % und von den Asiaten 55 %. Die Hispanics haben mit 55,5 % die höchste Umzugsquote.

Räumlich gesehen waren die meisten Umzüge von den Städten in die Vororte gerichtet. Bei den **interregionalen Wanderungsströmen** zeigt sich, dass es starke Wanderungen zwischen allen Regionen gibt – mit einer Ausnahme: Der Austausch zwischen dem Westen und dem Nordosten ist gering.

Wanderungsströme zwischen den Regionen der USA (1995–2000, in Tausend)

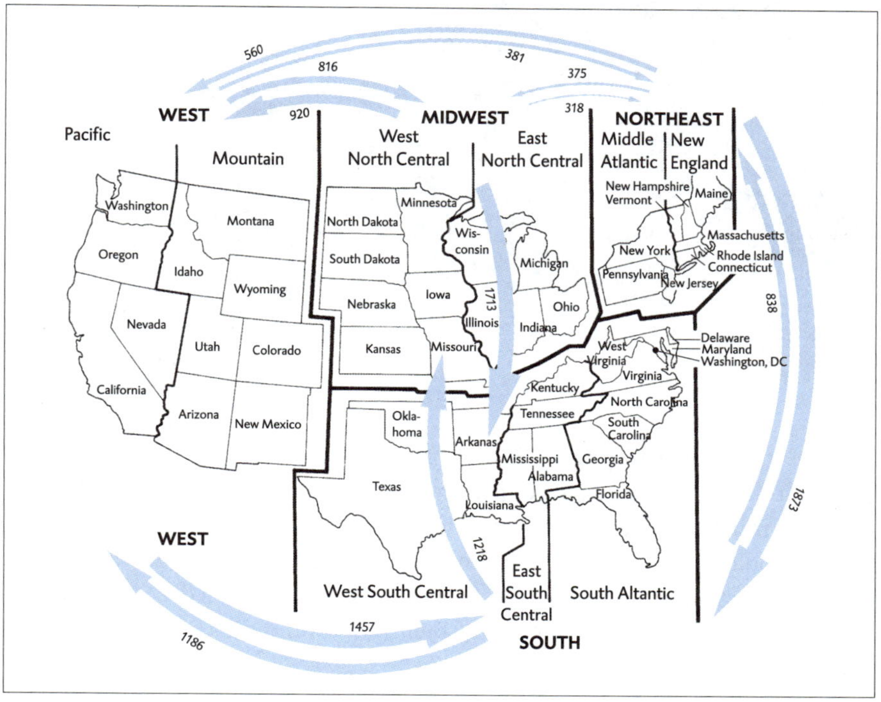

4 Soziale Unterschiede

Eigentlich ist es kaum vorstellbar, dass im reichsten Land der Welt Millionen von Menschen in Armut leben. Aber schlechte Schul- und Ausbildung, zerrüttete Familien, unzureichende Unterstützung bei Arbeitslosigkeit oder schwerer Krankheit lassen viele Menschen in die Armut abstürzen, während die **upper class** im Reichtum schwelgt. 12 % der amerikanischen Haushalte verfügen über ein Jahreseinkommen von mehr als 100 000 US-$. Auf der anderen Seite leben 12,4 % der Amerikaner unterhalb der **Armutsgrenze**. Diese wird jedes Jahr bezogen auf die Familiengröße neu definiert. 2005 betrug beispielsweise die Armutsgrenze für einen Zwei-Personen-Haushalt 12 755 US-$ im Jahr, für einen Vier-Personen-Haushalt 19 971 US-$ und für einen Ein-Personen-Rentnerhaushalt 9 367 US-$.

Prachtvolle Villen im Wohnviertel wohlhabender Weißer in San Diego

Für 1999 wurde berechnet, wie sich das kumulierte Einkommen aller US-Haushalte auf Einkommensgruppen verteilt. Dabei entfielen auf die Gruppe der 20 % mit niedrigem Einkommen lediglich 3,6 % des Gesamteinkommens, die Gruppe der 20 % mit hohem Einkommen hatte einen Anteil von 49,4 %, der Rest (60 % „Mittelstand“) kam auf 47,0 %. Betrachtet man die 5 % der Haushalte mit den höchsten Einkommen, so entfielen auf diese Gruppe allein 20 % der Gesamteinkünfte.

Die Armutsrate gestaltet sich bei den Rassen und ethnischen Gruppen unterschiedlich. Während 10,6 % der Weißen unterhalb der **Armutsgrenze** leben, sind es bei den Schwarzen 24,9 % und bei den Hispanics 21,8 %. Von der Armut sind besonders allein erziehende Mütter und ihre Kinder betroffen. Hier beträgt die Armutsquote bei Weißen 27,1 %, bei Schwarzen 39,3 % und bei Hispanics 41,0 %. Insgesamt machen Kinder unter 18 Jahren und Personen über 65 Jahren etwa die Hälfte aller Armen in den USA aus.

Die Regierung unterstützt die Armen mit folgenden Programmen:

- **food stamps**: eine Art Sozialhilfe für Grundbedürfnisse,
- **medicaid**: Beihilfen für Arme im Krankheitsfall,
- **medicare**: Beihilfen für Alte im Krankheitsfall,
- **aid to families with dependent children**: Finanzhilfen für Familien mit allein erziehenden Müttern.

Trotz dieser Hilfen und der Erhöhung der Mittel unter der Clinton-Regierung seit 1993 geht vielen kirchlichen und sozialen Organisationen die Hilfe nicht weit genug. Denn schätzungsweise leben drei bis vier Millionen Slum-Bewohner sowie drei Millionen Obdachlose (davon 59 % Schwarze) in Armut und schlimmen sozialen Verhältnissen. Unter ihnen sind viele unverheiratete Mütter im Teenager-Alter, arbeitslose Jugendliche ohne Ausbildung oder Schulabschluss, Drogenhändler und Prostituierte, deren geringes Alter immer wieder Entsetzen auslöst.

Anders als in Deutschland bekommen z. B. amerikanische Arbeitslose nur 26 Wochen Unterstützung. In diesem Zeitraum müssen sie sich eine andere Arbeit gesucht oder eine andere Existenz aufgebaut haben. Sozialhilfe wird ununterbrochen nur für zwei Jahre gewährt und die Sozialhilfeempfänger sind verpflichtet, ihnen zugewiesene Arbeiten auszuführen. Auch bei der Krankenversicherung setzen die USA stärker auf individuelle Vorsorge. Untere Einkommensschichten können zum Teil die Beiträge nicht aufbringen; 1999 waren 16,6 % der US-Bevölkerung unterversichert.

Entwicklung der Armut in den USA (1959–2005)

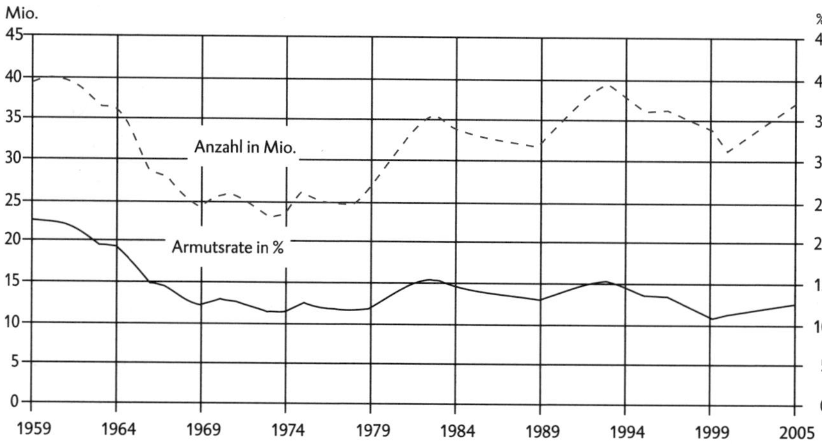

Die Armutsgrenze wird jährlich neu festgesetzt. Sie richtet sich nach der Zusammensetzung und der Größe der Familie. Die Armutsgrenze für eine vierköpfige Familie lag im Jahr 2005 bei 19971 $.

5 Probleme der Minderheiten

Die nicht-weißen Rassen und ethnischen Gruppen sind bei einer Reihe von **Sozialindikatoren** (z. B. Armutsrate) benachteiligt. Bei den durchschnittlichen Jahreseinkommen der Haushalte lagen 2005 die Weißen bei 56 703 US-$, die Schwarzen bei 39 399 US-$ und die Hispanics bei 34 194 US-$. Diese gravierenden Unterschiede können aufgrund des Bildungsniveaus in absehbarer Zeit kaum egalisiert werden. Von den 18- bis 24-Jährigen Weißen erreichen 83,6 % den High School-Abschluss, bei den Schwarzen sind es 72,3 % und bei den Hispanics 52,4 %. Von diesen High-School-Abgängern werden 54 % der Weißen im College eingeschrieben, aber nur jeweils 43 % der Schwarzen und 30 % der Hispanics.

Straßenmusiker in New Orleans

Bundesgesetze haben inzwischen zu einer Gleichstellung aller Rassen geführt, doch das ist Theorie. Zwar sind erhebliche Fortschritte in den alltäglichen und zwischenmenschlichen Beziehungen zwischen Weißen und Schwarzen gemacht worden, aber in Teilen der weißen Bevölkerung bleiben zumindest latent Ressentiments bestehen. So kommt es, dass Schwarze in höheren Positionen in Politik und Verwaltung immer noch unterrepräsentiert sind. Auch als Direktoren von größeren Unternehmen oder als Farmer findet man sie selten. Der Anteil der Schwarzen an der Gesamtbevölkerung der USA beträgt derzeit etwa 13 %, doch von den Geschäfts- oder Unternehmensinhabern sind nur knapp über 3 % Schwarze. Auch die sogenannte **schwarze Mittelklasse** ist mit 48 % (Weiße 57 %) kleiner als gemeinhin angenommen wird. Außerdem ist sie immer noch Diskriminierungen ausgesetzt. Schwarze mit College-Abschluss verdienen nur 75–80 % des Einkommens ihrer weißen Kollegen mit gleicher Qualifikation. Besonders ungünstig ist die Situation der **schwarzen Jugendlichen**. Im Landesdurchschnitt ist ein Drittel von ihnen arbeitslos, aber in den Ballungsgebieten mit hohem Schwarzenanteil beträgt die Arbeitslosenquote bis zu 70 %. Hinzu kommt noch, dass viele schwarze Jugendliche in „Restfamilien" ohne Vater leben, was bei den allgemein niedrigen Einkünften der schwarzen Frauen in vielen Fällen zur Armut führt.

Nach Ansicht führender amerikanischer Sozialwissenschaftler ist der hohe Segregationsgrad, die **Ghettoisierung** der Schwarzen ein bedeutendes Hemmnis für ihren Aufstieg. Sobald in einem Viertel um die 10 % Schwarze wohnen, beginnen die Weißen, das Viertel zu verlassen. In die freiwerdenden Wohnungen und Häuser ziehen nach und nach Schwarze ein. In den großen Städteballungen der USA leben rund 80 % der schwarzen Bevölkerung in rein schwarzen Vierteln. Bei den Asiaten und Hispanics sind es nur die Hälfte.

Exkurs: Mördergang macht Jagd auf farbige New Yorker

Eine Bande von 30 weißen Jugendlichen jagte in einem fast ausschließlich von Weißen bewohnten Viertel des Stadtteils Brooklyn vier schwarze Jugendliche. Schüsse fielen, der 16-jährige Yusef Hawkins brach, von zwei Kugeln in der Brust getroffen, tödlich verletzt zusammen. Was dem jungen Schwarzen das Leben kostete, war eine fatale Mischung aus Rassenhass, Eifersucht und einem Missverständnis. Die Wut der weißen Jugendlichen hatte sich an der Tatsache entzündet, dass ein Mädchen aus der Nachbarschaft mit einem von ihnen gebrochen und seine Zuneigung angeblich einem Schwarzen geschenkt hatte.

Quelle: nach Ruhr-Nachrichten, 15. 9. 1989

Fortgesetzte rassische Diskriminierung, schlechte soziale Bedingungen und Armut in Verbindung mit Arbeitslosigkeit sind nach Ansicht einiger Sozialwissenschaftler der Grund dafür, dass viele Schwarze sich in die Kriminalität flüchten. Obwohl die Schwarzen nur einen Anteil von rund 12 % an der Gesamtbevölkerung haben, gehen etwa die Hälfte aller Straftaten auf ihr Konto, bei Morden entfallen auf sie 54 % der Delikte, bei Diebstählen 65 %. Die Gewalt der schwarzen Täter richtet sich aber kaum gegen Weiße: Die Opfer der Schwarzen sind zu 94 % ebenfalls Schwarze.

Auch die **Hispanics** sind in gehobenen Positionen unterrepräsentiert. Sie haben eine deutlich schlechtere Schulbildung als die übrigen US-Einwohner und unter ihnen ist der Anteil an Arbeitslosen besonders hoch. Trotzdem entwickeln die Hispanics seit einigen Jahren ein wachsendes Selbstbewusstsein. Sie pflegen ihre Sprache und Kultur und widerstehen zunehmend der von den Weißen gewünschten Assimilation. In Florida und an der US-Grenze nach Mexiko gibt es an die hundert Radio- und Fernsehstationen, die ihr Programm in spanischer Sprache ausstrahlen – immerhin sprechen 17 Millionen Amerikaner Spanisch. Da der Anteil der Hispanics an der US-Bevölkerung wächst, werden sie in den nächsten Jahren auch größeres wirtschaftliches und politisches Gewicht bekommen.

Ein großes Problem ist die **illegale Einwanderung** von Hispanics an der mexikanischen Grenze. Die US-Regierung hat in den vergangenen Jahrzehnten immer wieder, je nach Arbeitskräftebedarf, Mexikaner ins Land geholt. Mexikaner, die sich in der US-Landwirtschaft verdingen, erhalten trotz einfacher Tätigkeiten ein Vielfaches der in Mexiko gezahlten Löhne. Für US-Verhältnisse sind diese Löhne allerdings Billiglöhne.

Für die Mexikaner stellen die hohen Löhne in den USA eine große Motivation dar, illegal ins Land zu gelangen. Die USA versuchen dies zu verhindern. Die Grenze in den Halbwüsten Arizonas und New Mexikos ist nur schwer kontrollierbar, aber die Zahl der illegalen Einwanderer ist dort relativ gering. Wo Städte auf beiden Seiten der Grenze liegen, haben die Amerikaner ihre Kontrollen verstärkt, zum Beispiel zwischen San Diego und Tijuana. Vor einigen Jahren errichteten die US-Behörden sogar eine Stahlwand zwischen den beiden Städten.

Exkurs: Die Mauer von Tijuana beleidigt die Mexikaner

… Von der Innenstadt Tijuanas kommend zieht sich die drei bis vier Meter hohe Stahlwand über die Hügel zum Pazifik und endet erst weit draußen in der Brandung. … Mit immer stärkeren Grenzbefestigungen und immer mehr Grenzschützern versuchen die reichen Nordamerikaner, die Flut illegaler Einwanderer aus dem armen Süden einzudämmen. Mehr als 20 000 Einwohner Tijuanas fahren jeden Tag nach San Diego zur Arbeit. … Doch wer als Mexikaner nicht zu den glücklichen Besitzern eines Visums gehört und versucht, illegal in die USA zu gelangen, für den wird die Grenze zum immer höheren Hindernis. „Im vergangenen Jahr haben wir im Abschnitt San Diego mehr als 280 000 Grenzgänger ohne Papiere aufgegriffen", erzählt die Presseoffizierin der U. S. Border Patrol, Gloria Chavez. Dies sei deutlich weniger als im Jahr zuvor, die verschärften Grenzbefestigungen und Kontrollen zeigen Wirkung. Parallel zur Stahlwand verläuft auf amerikanischer Seite ein Zaun aus Betonröhren. Der vegetationslose Grenzstreifen wird nachts von Flutlicht erleuchtet, überall lauern die weißen Geländewagen der Border Patrol, die zudem über Nachtsichtgeräte verfügt.

Quelle: nach Hannoversche Allgemeine Zeitung vom 30. 7. 1998

Trotz aller Kontrollen gelangt jedes Jahr eine nicht abzuschätzende Zahl von Mexikanern illegal in die USA. Sie arbeiten bei Farmern, die die Mexikaner gerne für niedrige Löhne beschäftigen und sie oftmals auf etwas abgelegenen Feldern einsetzen.

Andererseits reagiert die weiße Bevölkerung auf den Wunsch der Hispanics nach mehr kultureller Eigenständigkeit zunehmend ablehnend. Im Südwesten macht bereits der Begriff der „**Hispanisierung**“ die Runde. Die Einführung des Spanischen als zweite Amtssprache wurde 1988 durch eine Volksbefragung in Arizona verhindert. Viele weiße Amerikaner fürchten, dass ihre Vision der Vereinigten Staaten von Amerika als **melting pot** scheitert.

Die **Asiaten** gelten vielen US-Bürgern als **model minority**. Ihre Wertesysteme –vor allem die der Japaner – sind denen der amerikanischen Gesellschaft ähnlich. Auch die Erfolgsorientierung der asiatischen Einwanderer fügt sich gut in das amerikanische Wirtschaftsdenken ein. Außerdem waren besonders Japaner und Chinesen bereit, sich in der US-Gesellschaft zu assimilieren.

Als bei der Erschließung des Westens für den Eisenbahnbau und andere Großprojekte viele (billige) Arbeitskräfte benötigt wurden, setzte von 1850 bis 1880 die Einwanderung von Chinesen ein. In diesem Zeitraum kamen über 250 000 von ihnen in die USA. Auch 270 000 Japaner wanderten von 1880 bis 1920 ein.

Die Einstellung zu asiatischen Einwanderern wechselte im Lauf der Geschichte. So waren Japaner nach dem Überfall Japans auf Pearl Harbour in den USA unerwünscht. Die Chinesen wurden seit Beginn des Koreakrieges nicht gern gesehen, erst in jüngster Zeit haben sich die Beziehungen der USA zur VR China gebessert. Die Einwanderung weiterer asiatischer Volksgruppen setzte in größerem Umfang erst nach 1970 ein.

Zusammensetzung der asiatischen Bevölkerungsgruppe (2000)

Chinesen	2 315 000	Japaner	796 700
Filipinos	1 850 300	Kambodschaner	172 000
Asiaten aus Indien	1 678 800	Bangladesher	41 300
Vietnamesen	1 123 000	Andere	956 405
Koreaner	1 076 900		
Gesamt			**10 019 405**

Die unterschiedliche Herkunft und die jeweiligen Beweggründe für die Einwanderung (Kriegsflüchtlinge, Verfolgung aus ethnischen oder religiösen Gründen, bessere Berufschancen als im Heimatland) lassen es eigentlich nicht zu, von einer einheitlichen asiatischen Bevölkerungsgruppe zu sprechen. Auch eine gemeinsame Identität ist kaum festzustellen. Gemeinsam ist einigen der asiatischen Ethnien aber, dass den Einwanderern von bereits in den USA lebenden Landsleuten tatkräftig bei dem Aufbau einer eigenen Existenz geholfen wurde. Ein weiterer Vorteil für die asiatischen Einwanderer war und ist es auch heute noch, dass sie in der Regel in intakten Familien leben. In nur 12 % aller asiatischen Familien ist eine Frau allein erziehend, damit liegen die Asiaten auf gleichem Niveau wie die Weißen und heben sich deutlich von den übrigen ethnischen Gruppen ab.

Auch im Bildungsniveau unterscheiden sich die Asiaten deutlich von anderen Ethnien. 64 % aller 25- bis 44-Jährigen können einen College-Abschluss vorweisen. Im Rahmen von Schul-Leistungstests und naturwissenschaftlichen Wettbewerben sowie bei den Ergebnissen der Examina fallen die Asiaten in den USA immer wieder durch ausgezeichnete Leistungen auf. Auch an den Universitäten mit hohem Prestige wie z. B. Harvard, Stanford oder Princeton stellen sie mehr Studenten als es ihrem Anteil an der Gesamtbevölkerung entspricht. Der hohe Bildungs- und Ausbildungsstand ermöglicht es den Asiaten, in gehobene Positionen in allen Wirtschaftsbereichen vorzurücken. Ihr durchschnittliches Haushaltseinkommen liegt fast doppelt so hoch ist wie das der Schwarzen.

Bei einer Aufarbeitung der Rassenkrawalle in Los Angeles 1992 geriet eine weitere asiatische Einwanderergruppe ins Blickfeld, die **Koreaner**. Sie wanderten meist erst nach 1970 ein, aber mithilfe ihrer Familienangehörigen und eigenen Kreditvereinen konnten sie sich relativ schnell eine eigene Existenz aufbauen. Dazu übernahmen sie beispielsweise in Schwarzen-Vierteln kleinere Lebensmittel-, Alkohol- und „Ramsch“-Läden sowie Dienstleistungsbetriebe. Gegenüber den alteingesessenen Schwarzen standen sie wirtschaftlich und sozial bald besser, was mitunter zu neidischem Argwohn führte. Verstärkt wurde dieser noch dadurch, dass die koreanischen Ladenbesitzer fast nie in dem Viertel wohnen, wo sich ihr Laden befindet. So hatten sie auch kaum Kontakt zu ihrer Kundschaft und stellten nur selten Arbeitskräfte aus dem Viertel ein. Zudem beklagte sich die einheimische schwarze Bevölkerung über eine gewisse Hochnäsigkeit der Koreaner, respektlosen Umgang mit der Kundschaft und hin und wieder auch über rassistische Äußerungen. Andererseits beklagten sich die Koreaner über die vielen Ladendiebstähle und tätlichen Angriffe seitens der Schwarzen. So kam es, dass bei den Unruhen 1992 in Los Angeles die meisten

Geschäfte, die von den Schwarzen geplündert wurden, Koreanern gehörten. Laut Presseberichten wurden in Los Angeles insgesamt 1 800 koreanische Geschäfte verwüstet oder in Brand gesteckt. Bis heute sind Neid und Misstrauen gegenüber den asiatischen Einwanderern sowohl bei der schwarzen als auch bei der weißen Unterschicht weit verbreitet.

Die **Ureinwohner** Nordamerikas bilden heute mit einem Anteil von 0,9 % die kleinste ethnische Minorität in den USA. Zu ihnen zählt die US-Statistik amerikanische Indianer, Alëuten und Eskimos. Nach langen, blutigen Auseinandersetzungen zwischen Indianern und Weißen wurden die Indianer gegen Ende des 19. Jahrhunderts in Reservate umgesiedelt. Dabei hatte die US-Regierung oftmals solche Gebiete ausgesucht, die in Trockengebieten lagen oder andere Ungunstfaktoren aufwiesen. Als Konsequenz war es den Indianern kaum möglich, am Wirtschaftsaufschwung teilzuhaben. Ende der 1980er-Jahre lebten einer Untersuchung des Innenministeriums zufolge etwa die Hälfte der Indianer in den Reservaten unterhalb der Armutsgrenze. Tausende von Indianern haben seitdem ihre Reservate verlassen und sind in die Städte gezogen, angelockt durch die Aussicht auf Arbeit, höheres Einkommen und eine bessere soziale Stellung. Aber nicht alle von ihnen kamen in der für sie völlig fremden Welt zurecht, einige verfielen dem Alkohol oder Drogen.

Projekte der Raumordnung – Umweltschutz

1 Allgemeine Entwicklung

In den USA wurden bis in die zweite Hälfte des 19. Jahrhunderts durch staatliche Landvergabe private Erschließungsmaßnahmen gefördert. Gegen Ende des Jahrhunderts waren erste staatliche Steuerungsmaßnahmen erforderlich, um dem hemmungslosen **Raubbau** an Wald und Weide, der **Bodenspekulation** und der **Zersiedlung** entgegenzuwirken. In Anlehnung an europäische Maßnahmen wurde deshalb in den Vereinigten Staaten 1880 das National Park Office gegründet, das Naturlandschaften, historische Stätten sowie Erholungsgebiete für die Bevölkerung verwaltet. In diesem Zusammenhang wurden 1881 erste Nationalforste eingerichtet. Sie dienen vor allem der Wasserregulierung, der Erholung und der Holzversorgung. Schutzmaßnahmen wurden in den vergangenen Jahrzehnten unter wechselnden Schwerpunkten durchgeführt:

- Erhaltung der Waldbestände (Präsident Theodor Roosevelt),
- Sicherung der Energiereserven und Ausbau der Wasserkraft (Präsidenten Coolidge und Hoover),
- Bekämpfung der Bodenzerstörung und Durchführung raumwirksamer Mehrzweckprojekte im Rahmen von Arbeitsbeschaffungsprogrammen (Präsident F. D. Roosevelt).

Zusätzlich wurden durch das „Bureau of Indian Affairs“ **Indianerreservate** vor privatwirtschaftlichen Interessen geschützt.

2 Beispielprojekte der Raumordnung

2.1 Das Tennessee-Valley-Authority-Projekt (TVA)

Es ist das umfangreichste Mehrzweckprojekt im Rahmen des US-Raumordnungsprogrammes und wurde 1933 im Rahmen des **new deal** ins Leben gerufen. Zum new deal, der von Präsident Roosevelt 1929 eingeleiteten Politik zur Bekämpfung der Weltwirtschaftskrise, gehörten u. a. Eingriffe in das Bank- und Kreditwesen, großzügige Kredithilfen, die Angleichung von Lohn- und Preisniveau sowie die Abwertung des Dollar. Außerdem sollten in der Wirtschaftsentwicklung zurückgebliebene Regionen gestärkt werden.

Der Schifffahrtsweg des Tennessee im Verbund der inneramerikanischen Wasserstraßen

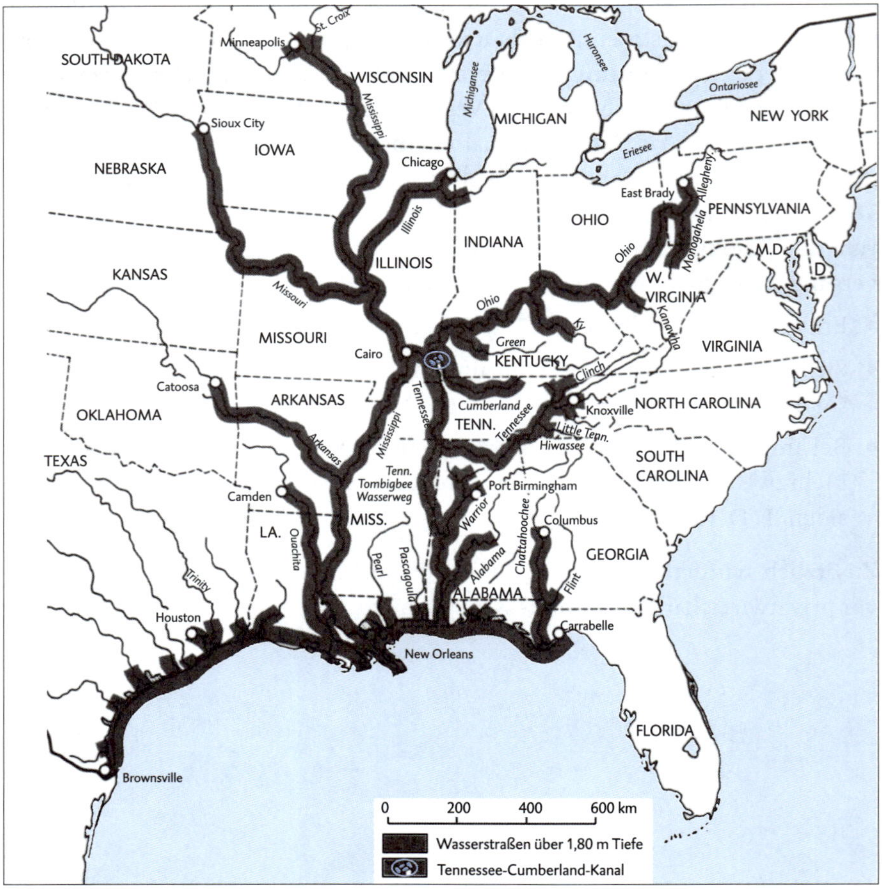

Die **Tennesseeregion** war zu Beginn der 1930er-Jahre ein Gebiet großer Armut. Die Auswirkungen der Weltwirtschaftskrise hatte die Lage der dort lebenden, überwiegend in der Landwirtschaft tätigen Menschen zusätzlich stark beeinträchtigt. Es herrschten Unterbeschäftigung und eine Arbeitslosigkeit von nahezu 50 %. Das Durchschnittseinkommen lag bei 45 % des US-Wertes. Weiterhin hatte sich die Ernährungssituation durch den Rückgang von Anbauflächen enorm verschlechtert. Durch intensiven Anbau von row-crops wie Mais, Tabak und Baumwolle erfuhren die Böden eine einseitige **Belastung** und wurden sehr anfällig für **Abspülung**. Erosionsrinnen und Zerklüftungen der Landoberfläche (**badlands**) prägten die Landschaft und veranlassten die Bewohner zur Abwanderung aus der Region. Das verabschiedete Tennessee-Gesetz enthielt Leitlinien der **Landschaftskonservierung** und Wirtschaftsentwicklung und hatte Modellcharakter für Planungen in anderen Regionen der USA.

Neben umfangreichen Aufforstungen umfasste der Ausbau des Tennessee-Stromsystems den Bau von 23 **Staustufen**, die die Hochwassergefahr mindern, den Tennessee zu einer Binnenschifffahrtsstraße machten und zur Gewinnung von Hydroenergie dienten. Die von der **TVA** preiswert angebotene Energie hatte umfangreiche Industrieansiedlungen zur Folge (seit 1933 über 5 500 neue Betriebe mit etwa 44 000 Arbeitsplätzen), sodass der Energiebedarf schon bald durch zusätzliche Kohle- und Kernkraftwerke gedeckt werden musste (15 % Wasser-, 85 % Kohle- und Kernkraft). Der Stromverbrauch pro Einwohner ist im Bereich der TVA doppelt so hoch wie der US-amerikanische Vergleichswert, verursacht durch den halb so hohen Stromtarif. Nach dem TVA-Gesetz muss die Behörde in erster Linie ihren eigenen Strombedarf decken, gibt aber rund 40 % der Gesamtenergieproduktion an die Bundesregierung ab (der Strom stammt aus den Atomanlagen Oak Ridge und Paducah).

Heute ist der Tennessee eine wichtige Verkehrsachse und ein bedeutender Verkehrsträger für den Transport spezialisierter landwirtschaftlicher Produkte und Kohle aus den Appalachen zum inneramerikanischen Binnenwasserstraßennetz. Außerdem regulieren die Wasserbaueinrichtungen des Tennessee den Zufluss zum Ohio und Mississippi. Daneben ist dieses Gebiet, das auch als „Great Lake of the South“ bezeichnet wird, ein beliebtes Erholungsgebiet für jährlich 65 Millionen Amerikaner.

Die TVA ist auch in der Forschung für Landwirtschaft und Industrie (Düngemittel und Bautechnik) tätig, dazu gehören die Errichtung von Baumschulen und die umfangreiche **Wiederaufforstung** der erodierten Hänge und Flächen.

In der Vergangenheit ist versucht worden, für andere Problemregionen Planungseinrichtungen nach dem Vorbild der TVA zu gründen (1965: Planning Commission Appalachia, 1966: Kommissionen in Neuengland, Obere-Große-Seen-Region in Wisconsin, Ozark-Gebiet in Arkansas, Four-Corner-Region in Arizona, New Mexico und Küstengebiet in Georgia und Alabama).

Keine der oben genannten Kommissionen konnte aber ähnliche Erfolge in der integrierten Entwicklungs- und Regionalplanung aufweisen wie die TVA. Ein Grund hierfür könnten die fehlenden Ausgangsbedingungen sein, die eine Wirtschaftssituation wie die der 1930er-Jahre mit sich brachte. Ohne diese konnten sich nur Privatinteressen durchsetzen, sodass die TVA als Sonderfall, jedoch nicht als Modellfall für die USA betrachtet werden muss.

2.2 Weitere Raumplanungsprojekte

Das Columbia Basin Reclamation Project

Das **Columbia Basin Reclamation Project** ist eine raumplanerische Maßnahme aus den 1930er-Jahren für Hochwasserschutz, Schifffahrtsförderung, Bewässerung und Energiegewinnung im Nordwesten der USA. Die riesigen Stauanlagen des Bonneville-Damms, des Rock-Island-Damms und des Grand-Coulée-Damms liefern Wasser zur **Bewässerung** von nahezu 5 000 000 ha Landnutzungsfläche und kostengünstige **Energiegewinnung** der umliegenden Ballungsgebiete. Hier finden die Landwirtschaft und energieorientierte Aluminium-Verhüttungsbetriebe aufgrund ausschließlich privatwirtschaftlicher Initiativen günstige Standortbedingungen vor.

Der Flood-Control-District

Im Südosten Floridas liegt der **Flood-Control-District**, ein 40 000 km^2 großes Planungsgebiet, das eine starke Zuwanderung aufweist. Hier erwies es sich als besonders schwierig, die Anforderungen der Landwirtschaft, der zunehmenden Siedlungstätigkeit, des Umweltschutzes, des Tourismus und des Verkehrs mit den hydrografischen Gegebenheiten in Einklang zu bringen. Dazu wurden die größten **Flachwasserstauseen** und **Pumpanlagen** der Welt gebaut. Die Finanzierungsmittel für Bau und Unterhaltung der Anlagen stammen aus Bundes-, Staats- und Kommunalhaushalten, und zwar überwiegend aus Steuermitteln der counties.

3 Umweltprobleme

3.1 Überblick

Die amerikanische Innenpolitik sieht sich trotz des scheinbar unbegrenzten Vorrats an **natürlichen Ressourcen** den Problemen der **Luft-** und **Gewässerverschmutzung** sowie des Raubbaus an der Natur gegenüber. Der riesige Landvorrat während der Phase der territorialen Ausdehnung der USA nach Westen und die reichhaltigen Bodenschätze verstärkten die Vorstellung eines unerschöpflichen Naturreichtums: Zwischen 1803 (Lousiana Purchase) und 1854 wurden die Landgebiete westlich des Mississippi von der Bundesregierung der USA in Besitz genommen und als **public domains** ausgewiesen.

So erhielten siedlungswillige Farmer, Bahngesellschaften, Straßenbaubetriebe, Staaten, Schulen und Universitäten Land. Vorrangiges staatliches Interesse bestand in der schnellen Besiedlung und wirtschaftlichen Nutzung dieser Regionen. Farmer beuteten die Böden aus und zogen dann weiter, um neues Land zu nutzen, gleiches galt für die Holzfäller. Wälder in Michigan, Wisconsin, Minnesota und im pazifischen Westen wurden abgeholzt, aber nicht wieder aufgeforstet (cut-over). Ähnlich flächenintensiv wurden Kohlen- und Erzfelder oberflächennah abgebaut. Ganze Landstriche der USA wurden durch dieses so genannte **strip mining** verwüstet.

Im Zeitraum zwischen 1870 und 1900 kam zum ersten Mal der Naturschutzgedanke auf. Wertvolle Baumarten (Sequoia) wurden knapp und in **Nationalparks** geschützt. Beobachtungen der vergangenen Jahrzehnte haben gezeigt, dass vorrangig wirtschaftliche Entscheidungen in Boomphasen zu umfangreichen Bodenzerstörungen führten, z. B. in der Landwirtschaft die Ausweitung des Weizenanbaus in die trockenen Plains, was zu **Staubstürmen** in Trockenjahren führte. Inzwischen ist auch in der Öffentlichkeit der USA ein verstärktes **Umweltbewusstsein** festzustellen.

3.2 Raumbeispiel: Die Region Los Angeles

Aufgrund der Windverhältnisse, der parallel zur Küste verlaufenden Gebirgskette (San Gabriel Mountains) und der Beckenlage ergeben sich für die Großregion Los Angeles (smogville) erhebliche Umweltprobleme. In den Sommermonaten entstehen durch die Ausweitung des pazifischen Hochdruckgebiets über dem Südwesten der USA **Inversion**swetterlagen, die an rund 260 Tagen im Jahr zur Bildung von **Smog** über Los Angeles führen. Während im Normalfall die Temperatur mit der Höhe abnimmt, sind Inversionen durch eine

Temperaturumkehr gekennzeichnet. Die Lufttemperaturen sind dann am Boden niedriger und nehmen mit der Höhe zu. Über den kalten pazifischen Küstengewässern vor **Los Angeles** wird die Luft noch zusätzlich abgekühlt und stabilisiert sich dadurch. In die Luft gelangen **Emissionen** wie Kohlenwasserstoffe, Kohlenoxide, Schwefel- und Stickoxide, die unter dem Einfluss von Sonnenlicht schon nach einer Stunde den aggressiven, photochemischen Smog bilden (Ozonbildung). Die Abgase stammen zu etwa 60 % aus dem Autoverkehr und den Privathaushalten, zu 25 % aus Ölraffinerien und zu 15 % von anderen Industriezweigen. Wenn 1 000 Fahrzeuge 10 l Benzin verfahren, entstehen rund 2,7 t Kohlenmonoxid, 240 kg Kohlenwasserstoffe, 135 kg Stickoxide sowie Schwefelverbindungen. Bei 4 Millionen Autos im Großraum Los Angeles gelangen so beträchtliche Mengen an Abgasen in die Atmosphäre. Zusätzlich werden Staub-, Ruß- und andere Teilchen emittiert.

Ähnliche Verhältnisse herrschen während Hochdruckwetterlagen im Raum um **San Josè** im Kalifornischen Längstal, in der Bucht von **San Francisco** sowie in den Tälern der Mittel- und Hochgebirge (Appalachen, Felsengebirge).

4 Nationalparks

4.1 Entwicklung der Schutzgebiete

Der Yellowstone-Nationalpark wurde 1872 gegründet und war der erste Nationalpark der Welt. Der Gedanke der „Umweltbereicherung für alle Menschen“ unter staatlicher Aufsicht führte dazu, dass sich die Nationalparkstaaten 1969 in Neu Delhi unter der Schirmherrschaft der „Internationalen Union für Naturschutz und natürliche Reserven“ (IUCN) auf folgende **Definition** einigten. Als **Nationalpark** wird ein relativ großes Gebiet bezeichnet, in dem

- ein oder mehrere Ökosysteme durch menschliche Nutzung oder Inanspruchnahme in der Substanz nicht verändert werden, wo Pflanzen- und Tierwelt, geologische und morphologische Besonderheiten von speziellem Interesse für Wissenschaft, Bildung und Erholung sind oder in dem Naturlandschaften von großartiger Schönheit vorkommen,
- die höchste zuständige Behörde des betreffenden Landes rechtliche Maßnahmen setzt, die den Schutz gewährleisten,
- Besucher unter bestimmten Bedingungen Zutritt haben zur Anregung, Erziehung, Bildung und Erbauung,

- eine ständige Verwaltung, Kontrolle und wissenschaftliche Betreuung gegeben ist,
- folgende Gliederung vorgesehen ist:
  - Kernzonen (mindestens 1 000 ha) mit absolutem Vorrang für die Natur,
  - Randzonen mit althergebrachten Wirtschaftsformen bzw. besonderer kultureller Bedeutung,
  - Randbereiche, in welchen der Besucherverkehr durch besondere Maßnahmen gefördert wird.[26]

In den Vereinigten Staaten erkannte man kurz nach der Erschließung des „Wilden Westens" die Notwendigkeit, die einzigartigen landschaftlichen Schönheiten mit ihrem von der Natur im Laufe der erdgeschichtlichen Entwicklung geschaffenen Formenschatz zu erhalten. So entstanden in den USA **seit 1872** neben zahlreichen anderen staatlichen und nationalen Schutzgebieten 41 **Nationalparks**, die zusammen ein Gebiet einnehmen, das der Größe Österreichs entspricht (Lage der Nationalparks siehe 2. Umschlagseite). Seit 1916 liegt die Organisation und Verwaltung in den Händen des Nationalpark-Services, einer Abteilung des US-Innenministeriums. Unter seiner Verwaltung stehen noch weitere Gebiete und Objekte von nationalem Interesse, von denen die 45 National Monuments allein ein Gebiet von der Größe der Bundesrepublik Deutschland einnehmen. Zu den bekanntesten Beispielen gehören:

- **National Monuments**: Death Valley, Devils Tower, Badlands,
- **National Historic Parks**: Salt Lake City und seine Umgebung,
- **National Historic Sites**: Mt. Rushmore, White House,
- **National Recreation Areas**: Couleedamm am Columbia River, Lake Mead bei Las Vegas.

Nur 5 % jedes Parkareals dürfen urbanisiert werden. Dazu gehören alle Straßen, Park-, Picknick- und Campingplätze, Lebensmittelgeschäfte, Tankstellen, Motels und Hotels, Verwaltungsgebäude, Recyclinganlagen, Museen, Rangerstationen, Besucherzentren, Wanderwege und Lehrpfade.

26 HUBER, O.: Canyon, Geisire, Vulkane – Die Nationalparks der USA, Innsbruck 1988

4.2 Beispiel: Der Yellowstone-Nationalpark

Das Kerngebiet des 8 998 km² großen Nationalparks ist das **Yellowstone-Plateau** mit einer Höhe von ca. 2 400 m, das von den 3 000–3 600 m hohen Ketten der Rocky Mountains umrahmt wird. Zu den besonderen Gegebenheiten zählen die über 10 000 **hydrothermalen** Erscheinungen (nachklingender Vulkanismus) wie Geysire (z. B. Old Faithfull), Schlammquellen mit langsam ausströmenden Gasen (sogenannte Fumarolen, wegen ihres z. T. durch Algen bedingten bunten Aussehens „Farbtöpfe" genannt), Sinterterrassen mit phantastischen Gebilden aus auskristallisierten Mineralien sowie der größte Bergsee der USA, der sich in zwei riesigen Wasserfällen (33 m und 100 m Höhe) in den Grand Canyon of the Yellowstone ergießt.

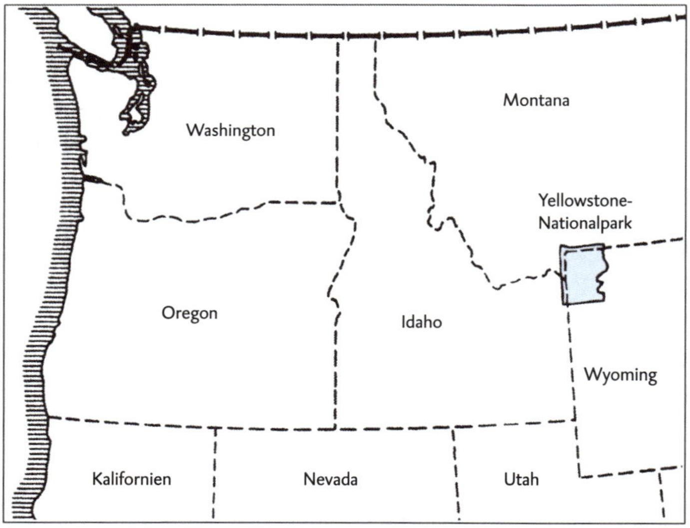

Lage des Yellowstone Nationalparks im Westen der USA

Im Parkgebiet sind unterschiedliche **Vegetationszonen** vertreten: Im Norden dominieren Wüstensteppen, während im mittleren und südlichen Teil artenreiche natürliche Nadelwälder mit darüber liegenden alpinen Matten und Tundrenvegetation (ab 3 000 m) vorherrschen. Abgesehen von den wenigen menschenscheuen Grizzly-Bären haben sich die wild lebenden Säugetiere (z. B. Schwarzbären) mehr oder weniger an den Menschen gewöhnt.

450 km^2 des Gebietes sind für Besucher ausgebaut. Auf ca. 1 000 km Straßen wird der Pkw-Verkehr abgewickelt (an Verkehrsengpässen mussten in den letzten Jahren Einbahn- und Umgehungsstraßen gebaut werden). An der Grand Loop Road (Große Schleife) liegen die meisten Attraktionen und die sechs Besucherzentren.

Die Touristen finden hier reichhaltige Informationsangebote (Vorträge, Filmvorführungen) und haben die Möglichkeit, an Führungen teilzunehmen. In den **Besucherzentren** gibt es 2 100 Gebäude, 30 Abwasserkläranlagen und Müllplätze, 10 elektrische Versorgungsstellen, außerdem 7 Hotels und zahlreiche Ferienhäuser mit 8 000 Betten. Dazu kommen weitere Übernachtungsmöglichkeiten auf 15 Campingplätzen für 9 000 Besucher. Die Gäste finden in den Besucherzentren alle wichtigen Versorgungseinrichtungen. Auf drei der zahlreichen Seen sind Bootsfahrten möglich. In den Seen darf pro Person nur eine bestimmte Menge ausgewählter Fischarten geangelt werden.

Yellowstone-River bei Lower Falls

Das Nationalparkgebiet weist mit 1 600 Kilometern ein gut ausgebautes Netz an Wanderwegen auf. Insgesamt kommen ca. 3 Millionen Besucher pro Jahr in den Nationalpark, wobei 80 % aller Besuche auf die Monate Juni und September entfallen. Das **Verkehrsnetz** ist in der Hauptsaison teilweise überlastet, besonders im Bereich der Hauptsehenswürdigkeiten (zu Spitzenzeiten mehr als 800 Pkw/h auf der Straße am Old Faithful). Seit 1973 existiert ein EDV-gesteuertes Reservierungssystem für Campingplätze, um eine gerechtere Verteilung der begehrten Übernachtungsplätze zu garantieren. Die maximale Aufenthaltsdauer im Parkgebiet wurde auf 14 Tage begrenzt.

Glossar

Agrobusiness: Herstellung landwirtschaftlicher Produkte durch kapitalintensive, mit hoher Produktionskapazität ausgestattete agrarindustrielle Unternehmen, die oft aus stark vertikal und horizontal verflochtenen Einzelbetrieben bestehen.

Armutsgrenze: In den USA offiziell festgelegte Grenze des verfügbaren Einkommens, die in Abhängigkeit von der Haushaltsgröße und den Grundbedürfnissen bestimmt wird.

Badlands: Erosionslandschaft in ariden und semi-ariden Gebieten, die aus einem Nebeneinander an Rillen, Furchen sowie Schluchten besteht und somit für die Inwertsetzung kaum geeignet ist.

Blizzard: Nordamerikanischer Schneesturm, der aufgrund fehlender West-Ost-Gebirgsschranken weit nach Süden vordringen und dort erhebliche Ernteschäden verursachen kann.

Cotton Belt: Ehemaliger Baumwollanbaugürtel im Süden der USA, der infolge gesellschaftlicher und agrartechnologischer Veränderungen (z. B. Verlagerung des Baumwollanbaus auf bewässerte Flächen) aufgelöst wurde.

Belt-Struktur: Zonierung der landwirtschaftlichen Nutzung nach Hauptfeldfrüchten gemäß der Klima-, Boden- und Vegetationszonen.

Central Business District Hauptgeschäftsbereich einer nordamerikanischen Großstadt. Merkmale des CBD sind die Spezialisierung auf Handel, Verwaltung und Dienstleistungen, geringe Wohn- und hohe Arbeitsplatzdichte.

Edge city: An der Peripherie US-amerikanischer Städte gelegene Siedlung, vornehmlich mit Büro- und Dienstleistungsfunktionen.

Farmsterben: Aufgabe von Farmen v. a. infolge der Überproduktion von Getreide und dem damit verbundenen Preisverfall, zunehmende Mechanisierung und Überschuldung kleiner und mittlerer Farmbetriebe; Rentabilitätsprobleme wegen der agroindustriellen Entwicklungen.

GATT-Abkommen: Instrumentarium der Weltwirtschaft, das allgemeine Zoll- und Handelsbestimmungen regelt. Die 1947 von 23 Ländern gegründete GATT-Organisation versucht mengenmäßige Ein- und Ausfuhrbeschränkungen zu unterbinden.

Homestead Act: 1862 erlassenes Gesetz zur Erschließung und Besiedelung des Raumes zwischen den Appalachen und den Rocky Mountains. Jede amerikanische Familie konnte etwa 64 Hektar Land gegen eine geringe Gebühr erwerben, wenn sie sich bereit erklärte, dieses Land mindestens fünf Jahre lang zu bebauen.

Hispanics: Legal oder illegal eingewanderte Lateinamerikaner; v. a. Mexikaner im Südwesten der USA.

Hurrikan: Tropischer Wirbelsturm in der Karibik und im Golf von Mexiko.

Hybridisation: Züchtung von Hybridsorten, also Pflanzen- und Tierarten, die durch bestimmte Kreuzungsverfahren höhere Erträge bringen, aber meist fortpflanzungsunfähig sind, sodass Saatgut und Jungtiere immer wieder nachgekauft werden müssen.

Kalifornienstrom: Eine südwärts gerichtete, kalte Meeresströmung entlang der südlichen Westküste Nordamerikas und Niederkaliforniens (Mexiko).

Lean Production: Vereinfachung von Produktionsabläufen zur Senkung der Kosten und rascheren Reaktion auf Kundenwünsche und Marktbedürfnisse.

Megalopolis: Bandartige Verstädterungszone (i. e. S. zwischen Boston und Washington an der Nord-Ost-Küste der USA).

Silicon Valley: Weltzentrum der Mikroelektronik, südlich von San Francisco; Konzentration von Software-Herstellern und Mikrochip-Entwicklern aufgrund von Fühlungsvorteilen.

Soil Erosion: Hauptsächlich durch menschliches Einwirken verursachte Bodenabtragung.

Suburbanisierung: Flächenhaftes Wachstum der städtischen Randzonen und Vorstädte auf Kosten der Kernstädte durch Abwanderung von Wohnbevölkerung und Betrieben.

Tornado: Kleinräumiger, trombenhafter Wirbelsturm mit zerstörender Wirkung; Tornados entstehen v. a. in den Sommermonaten im Mittleren Westen der USA.

Urban(ized) Area: Gebiete mit Stadtcharakter bis zur Pendlereinzugsgrenze.

Vertikale Integration: Zusammenschluss von Betrieben aufeinander folgender Produktionsstufen, z. B. Hütten-, Stahl-, Walzwerk.

WTO: 1994 gegründete Welthandelsorganisation. Hauptziele: Förderung internationaler Handelsbeziehungen, die Überwachung nationaler Handelspraktiken und die Schlichtung von Handelskonflikten.

Literatur und Internetadressen

Überblick

HAHN, R.: USA (Perthes Länderprofile). 2. überarbeitete und erweiterte Aufl., Stuttgart 2002.

SCHNEIDER-SLIWA, R.: USA. Geographie – Geschichte – Wirtschaft – Politik. Länderkunde. Wissenschaftliche Buchgesellschaft, Darmstadt 2005.

FAMIGHETTI, R.: World Almanac and Books of Facts, Mahwah, N. Y. 2006.

Strukturen im Naturraum

KLEBER, A. /ARZBERGER, K.: El Nino verändert das Wetter in den USA, Geographische Rundschau, H. 53, 2001

KLOHN, W. /WINDHORST, H.-W.: Physische Geographie: Morphologie und Klima. Vechtaer Materialien zum Geographieunterricht, H. 5, Vechta, 4. Aufl. 2004.

KLOHN, W. /WINDHORST, H.-W.: Physische Geographie: Böden, Vegetation, Landschaftsgürtel. Vechtaer Materialien zum Geographieunterricht, H. 6, Vechta, 4. Aufl. 2006.

Die Erschließung Nordamerikas

KLOHN, W. /WINDHORST, H.-W.: Bevölkerung und Siedlung in den USA. Vechtaer Materialien zum Geographieunterricht, H. 4, Vechta, 3. Aufl. 2002.

Agrarwirtschaftliche Strukturen

KLOHN, W.: Der Strukturwandel in der Milchwirtschaft der USA. In: Geographie und Schule, H. 145, S. 9 – 14, 2003.

KLOHN, W. /WINDHORST, H.-W.: Die Landwirtschaft der USA. Vechtaer Materialien zum Geographieunterricht, H. 1, Vechta, 4. Aufl. 2005.

KLOHN, W. /WINDHORST, H.-W.: Die Land- und Forstwirtschaft im Alten Süden der USA. Vechtaer Studien zur Angewandten Geographie und Regionalwissenschaft, Bd. 25, Vechta 2004.

Wirtschaft

BUNDESZENTRALE FÜR POLITISCHE BILDUNG: Schriftenreihe (Band 401): Länderbericht USA, Hg. Peter Lösche, Hans-Dietrich Loeffelholz, Bonn 2004.

ERTEL, H.-CH.: Hauptsache, die Aircondition läuft. In: Geographie heute 184/2000, S. 20 – 23.

KLOHN, W.: America is back! Die Wirtschaft der USA zu Beginn des neuen Jahrtausends. In: Geographie heute, H. 184, S. 2–8, 2000.

Weltwirtschaftliche Zusammenhänge

BUNDESZENTRALE FÜR POLITISCHE BILDUNG: Informationen zur politischen Bildung, H. 268: USA – Geschichte, Wirtschaft, Gesellschaft, Überarbeitete Neuaufl. 2004.

BUNDESZENTRALE FÜR POLITISCHE BILDUNG: Informationen zur politischen Bildung, H. 280: Globalisierung, 2003.

HÜBNER, E.: Das politische System der USA. Eine Einführung, Beck'sche Verlagsbuchhandlung, München 2001.

OLDOPP, BIRGIT: Das politische System der USA, Wiesbaden 2005.

Stadtland

GERHARD, U.: Washington D. C. – Weltstadt oder globales Dorf? In: Geographische Rundschau, H. 1, 2003.

JÜRGENS, C.: Von der Bewässerungsoase zur Stadtoase? Der Agglomerationsraum Phoenix, Arizona. In: Petermanns Geographische Mitteilungen, Bd. 145, H. 1, S. 4 – 5, 2001.

HAHN, B.: New York, Chicago, Los Angeles. Global Cities im Wettbewerb. In: Geographische Rundschau, H. 4, 2004.

MATUSCHEWSKI, A.: Revitalisierung innerstädtischer Slums und Ghettos in New York City? In: Geographische Rundschau, H. 1, 2005.

Bevölkerungsstruktur und multikulturelle Gesellschaft

HAHN, B.: Armut in New York. In: Geographische Rundschau, H. 10, 2003.

KLOHN, W. /WINDHORST, H.-W.: Bevölkerung und Siedlung in den USA. Vechtaer Materialien zum Geographieunterricht, H. 4, Vechta, 3. Aufl. 2002.

THIEME, G. /LAUX, H. D.: Migrationswende im Golden State. In: Geographische Rundschau, H. 6, 2003.

Projekte der Raumordnung – Umweltschutz

PLETSCH, A.: USA zwischen Yosemite- und Yellowstone Nationalpark. In: Marburger Jahrbuch der Geogr. Gesellschaft, Marburg 1997.

SCHMITZ, S.: Raumstruktur, Verkehr und Umwelt in den USA. In: Raumforschung und Raumordnung, Bd. 53, H. 2, S. 112 –113, Köln 1995.

WINDHORST, H.-W.: Wasser in Kalifornien – Konkurrierende Nutzungsansprüche an eine knappe Ressource. In: Themen, Trends und Thesen der Stadt- und Landschaftsökologie, Bochum, S. 134 – 140, 2003.

Internetadressen

www.census.gov
Zentrale Homepage des U.S. Census Bureau mit Links zu Statistiken

http://factfinder.census.gov
Suchsystem American Fact Finder

http://usinfo.state.gov/usa/infousa/
Informationen zu Wirtschaft, Gesellschaft, Nationalparks etc.

www.theus50.com
Informationen über alle Bundesstaaten, u. a. interaktive Karten und Links

http://www.bls.gov
Seite des U.S. Department of Labor; Bureau of Labor Statistics

http://www.eia.doe.gov
Offizielle Energiestatistiken

http://www.federalreserve.gov/releases/g17/Current/default.htm
Detaillierte statistische Angaben zu allen industriellen Branchen in den USA

http://www.whitehouse.gov/fsbr/esbr.html
Statistische Angaben zu Beschäftigung, Einkommen, Handel, Geldwesen

http://usinfo.state.gov/usinfo/topics.html
Informationen über Wirtschaft, Politik etc.

https://www.cia.gov/library/publications/the-world-factbook/index.html
The World Factbook

http://www.weltpolitik.net
Informationen zu Weltwirtschaft und Globalisierung; NAFTA

www.usda.gov
Seite des US-Landwirtschaftsministeriums

http://photogallery.nrcs.usda.gov
Fotogallerie zum Thema Landwirtschaft

Stichwortverzeichnis

Quellennachweis

Umschlagbild: © Joseph Drivas
Umschlag innen: eigene Zusammenstellung

S. 1: © A. Böhm, Aschheim. In: Bundeszentrale für politische Bildung (Hrsg.): Informationen zur politischen Bildung, H. 211, Bonn 1990, S. I
S. 3: Bittmann, W. /Fugger, B.:USA. BLV Verlag , München 1992, S. 13
S. 4: © Eli Mordechai/Dreamstime.com
S. 5: © Holly Day/www.photocase.de
S. 7. Klohn W. /Windhorst, H.-W.: Die Landwirtschaft der USA. Vechtaer Materialien zum Geographieunterricht. H. 1, ISPA Inst. f. Strukturforschung und Planung in agrarischen Intensivgebieten Vechta 1997, S. 16
S. 8: Klohn W. /Windhorst, H.-W.: Die Landwirtschaft der USA. Vechtaer Materialien zum Geographieunterricht. H. 1, ISPA Vechta 1997, S. 17
S. 10: Klohn W. /Windhorst, H.-W.: Physische Geographie: Böden, Vegetation, Landschaftsgürtel. Vechtaer Materialien zum Geographieunterricht. H. 6, ISPA Vechta 1999, S. 173
S. 11: Klohn W. /Windhorst, H.-W.: Physische Geographie: Böden, Vegetation, Landschaftsgürtel. Vechtaer Materialien zum Geographieunterricht. H. 6, ISPA Vechta 1999, S. 172
S. 16: links: eigene Darstellung nach Focus, H. 24 (12.06.1995)
rechts: Ohne Verfasser. In: geographie heute, H. 166, Friedrich Verlag, Seelze 1998, S. 13
S. 17: © Zazou/www.photocase.de
S. 18: Nach Beus, S. S. /Morales, M. (Hrsg.): Grand Canyon Geology, Oxford University Press /Museum of Northern Arizona Press, New York 1990, S. 463
S. 19: © Pbentley/Dreamstime.com
S. 20: © Detlef Maiwald. In: GEO Special USA Southwest, Gruner + Jahr, Hamburg 1989, S. 118/119
S. 21: © Detlef Maiwald. In: GEO Special USA Southwest, Gruner + Jahr, Hamburg 1989, S. 118
S. 24: eigene Darstellung nach Informationen zur politischen Bildung, H. 211, Bonn 1990, S. II
S. 28: Klohn W. /Windhorst, H.-W.: Bevölkerung und Siedlung in den USA. Vechtaer Materialien zum Geographieunterricht. H. 4, ISPA Vechta 1998, S. 12
S. 29: nach Klohn W. /Windhorst, H.-W.: Bevölkerung und Siedlung in den USA. Vechta 1998, S. 26
S. 30: U.S. Bureau of Citizenship and Immigration Services 2003
S. 31: Nach Ohne Verfasser. In: Aktuelle Landkarte, 6/93, © Cornelsen Verlag, Berlin, S. 4 und nach Daten des U. S. Census Bureau
S. 33: Friese, H.W. /Hofmeister, B.: Geographie: Die USA, 1980, S. 29
S. 34: © Ullstein Bild
S. 35: © A. Böhm, Aschheim. In: Bundeszentrale für politische Bildung (Hrsg.): Informationen zur politischen Bildung, H. 211, Bonn 1990, S. IV
S. 38: Klohn W. /Windhorst, H.-W.: Die Landwirtschaft der USA. Vechtaer Materialien zum Geographieunterricht. H. 1, ISPA Vechta 1995, S. 23
S. 43: © Ulrich Theißen

S. 43: Klohn, W./Windhorst, H.-W.: Vechtaer Materialien zum Geographieunterricht, H. 1, 1995; USDA Arei Updates 2005
S. 44: Klohn W. /Windhorst, H.-W.: Die Landwirtschaft der USA. Vechtaer Materialien zum Geographieunterricht. H. 1, ISPA Vechta 1995, S. 121 –123
S. 45: nach Klohn/Windhorst 2005, USDA 2005
S. 47: nach U. S. Census Bureau
S. 48: nach USDA Economic Research Service, Agricultural Resource Management Study, 2005
S. 49: Klohn W. /Windhorst, H.-W.: Die Landwirtschaft der USA. Vechtaer Materialien zum Geographieunterricht. H. 1, ISPA Vechta 1995, S. 24
S. 54: nach Paterson, J. H.: North America. A Geography of the United States and Canada. 1994, S. 139; USDA 2007
S. 56: Mensch und Raum Geographie Gymnasium NRW 7 /8, © Cornelsen Verlag Berlin
S. 57: © Ulrich Theißen
S. 58: Klohn W. /Windhorst, H.-W.: Die Landwirtschaft der USA. Vechtaer Materialien zum Geographieunterricht. H. 1, ISPA Vechta 1995, S. 140
S. 59 www.top-wetter.de; www.klimadiagramme.de
S. 60: © Ulrich Theißen
S. 63: Mensch und Raum, Geographie Oberstufe Gymnasium 12 /13, NRW. © Cornelsen Verlag, Berlin 1993, S. 32
S. 64: Tabelle: nach Fischer Weltalmanach 2006;
© Bob Lynn, Cyprus Minerals. In: Press, F. /Siever, R: Allgemeine Geologie. Spektrum Akademischer Verlag GmbH Heidelberg u. a. 1995, S. 540
S. 66: Ohne Verfasser. In: Aktuelle Landkarte, 4 /96, © Cornelsen Verlag, Berlin S. 12
S. 71: Praxis Schulfernsehen Nr. 283, Januar 2000 und Fischer Weltalmanach 2006
S. 73: Mensch und Raum, Geographie Hauptschule 9 /10, NRW. © Cornelsen Verlag, Berlin 1997, S. 11
S. 76: Quelle: US Department of Energy, Annual Energy Review 1997
S. 79: nach U. S. Department of Labor, Mai 2007
S. 84: © IBM New York.
S. 88: © Erich Schmidt Verlag, Berlin
S. 89: © Erich Schmidt Verlag, Berlin
S. 91: © Erich Schmidt Verlag, Berlin
S. 94: nach Fischer Weltalmanach 2007
S. 95: nach Fischer Weltalmanach 2000 und IMF, Balance of Payments Statistics Yearbook, lfd. Jg., UNCTAD, World Investment Report 2
S. 96: Bank für internationalen Zahlungsausgleich; IW Köln
S. 98: UN Comtrade Database
S. 99: UN Comtrade Database
S. 100: UN Comtrade Database
S. 103: CBO 1993; Brown et al. 1992; Kimbell 1993; Langhammer 1992
S. 107: Ohne Verfasser. In: Aktuelle Cornelsen Landkarte, 4 /96, S. 4
S. 108: eigene Darstellung nach Hofmeister, B.: Stadtgeographie. Braunschweig 1994, verändert
S. 109: © Ulrich Theißen.
S. 111: Nach Abiturprüfung Erdkunde Leistungskurs, Baden-Württemberg, Stark Verlag, Freising 2000, S. 98-4
S. 112: © H.-Ch. Ertel
S. 113: © H.-Ch. Ertel
S. 114: Klohn W. /Windhorst, H.-W.: Bevölkerung und Siedlung in den USA. Vechtaer Materialien zum Geographieunterricht. H. 4, ISPA Vechta 1998, S. 158

S. 119: Schiemann, W. /Schiemann, Ch.: USA: Der Westen. Umschau Buchverlag Breidenstein GmbH, Frankfurt 1995, S. 110
S. 120: © G. Gerster, Zumikon /CH
S. 121: © H.-Ch. Ertel
S. 123: U. S. Census Bureau, The Official Statistics
S. 124 : U. S. Census Bureau 1998
S. 126: Klohn W. /Windhorst, H.-W.: Bevölkerung und Siedlung in den USA. Vechtaer Materialien zum Geographieunterricht. H. 4, ISPA Vechta 1998, S. 43
S. 127: Nach U. S. Census Bureau
S. 128: Klohn W. /Windhorst, H.-W.: Bevölkerung und Siedlung in den USA. Vechtaer Materialien zum Geographieunterricht. H. 4, ISPA Vechta 2002, S. 40
S. 129: © Ulrich Theißen
S. 131: Klohn W. /Windhorst, H.-W.: Bevölkerung und Siedlung in den USA. Vechtaer Materialien zum Geographieunterricht. H. 4, ISPA Vechta 1998, S. 40
S. 132: © Ulrich Theißen
S. 133: Klohn W. /Windhorst, H.-W.: Bevölkerung und Siedlung in den USA. Vechtaer Materialien zum Geographieunterricht. H. 4, ISPA Vechta 1998, S. 46; US Bureau of the Census 2006
S. 134: © Ulrich Theißen
S. 138: © Ulrich Theißen
S. 137: U. S. Census Bureau
S. 142: © K. Lenz, John F. Kennedy-Institut, FU Berlin
S. 148: © Henning Grabowski, Münster
S. 149: beide Fotos © Anne Henze

Wir danken allen Rechteinhabern für die Abdruckerlaubnis.
Der Verlag hat sich bemüht, die Urheber der abgedruckten Bilder und Texte ausfindig zu machen. Wo dies nicht gelungen ist, bitten wir diese, sich ggf. an den Verlag zu wenden.

Ihre Meinung ist uns wichtig!

Ihre Anregungen sind uns immer willkommen. Bitte informieren Sie uns mit diesem Schein über Ihre Verbesserungsvorschläge!

Titel-Nr.	Seite	Vorschlag

Bitte hier abtrennen

Die echten Hilfen zum Lernen ... **STARK**

Zutreffendes bitte ankreuzen!

Die Absenderin/der Absender ist:

- ☐ Lehrer/in in den Klassenstufen:
- ☐ Fachbetreuer/in
  Fächer:
- ☐ Seminarlehrer/in
  Fächer:
- ☐ Regierungsfachberater/in
  Fächer:
- ☐ Oberstufenbetreuer/in
- ☐ Schulleiter/in
- ☐ Referendar/in, Termin 2. Staatsexamen:
- ☐ Leiter/in Lehrerbibliothek
- ☐ Leiter/in Schülerbibliothek
- ☐ Sekretariat
- ☐ Eltern
- ☐ Schüler/in, Klasse:
- ☐ Sonstiges:

Unterrichtsfächer: **(Bei Lehrkräften!)**

STARK Verlag
Postfach 1852
85318 Freising

17-V1T

Bitte ausfüllen und im frankierten Umschlag an uns einsenden. Für Fensterkuverts geeignet.

Kennen Sie Ihre Kundennummer?
Bitte hier eintragen.

Absender **(Bitte in Druckbuchstaben!)**

Name/Vorname

Straße/Nr.

PLZ/Ort

Telefon privat

Geburtsjahr

E-Mail-Adresse

Schule/Schulstempel **(Bitte immer angeben!)**

Bitte hier abtrennen

Sicher durch das Abitur!

Effektive Abitur-Vorbereitung für Schülerinnen und Schüler:
Klare Fakten, systematische Methoden, prägnante Beispiele sowie Übungsaufgaben auf Abiturniveau mit erklärenden Lösungen zur Selbstkontrolle.

Mathematik

Analysis Pflichtteil – Baden-Württemberg .... Best.-Nr. 84001
Analysis Wahlteil – Baden-Württemberg .... Best.-Nr. 84002
Analytische Geometrie Pflicht-/Wahlteil Baden-Württemberg .... Best.-Nr. 84003
Analysis – LK .... Best.-Nr. 94002
Analysis – gk .... Best.-Nr. 94001
Analytische Geometrie und lineare Algebra 1 .... Best.-Nr. 94005
Analytische Geometrie und lineare Algebra 2 .... Best.-Nr. 54008
Stochastik – LK .... Best.-Nr. 94003
Stochastik – gk .... Best.-Nr. 94007
Kompakt-Wissen Abitur Analysis .... Best.-Nr. 900151
Kompakt-Wissen Abitur Analytische Geometrie .... Best.-Nr. 900251
Kompakt-Wissen Abitur Wahrscheinlichkeitsrechnung und Statistik .... Best.-Nr. 900351

Physik

Elektrisches und magnetisches Feld (LK) .... Best.-Nr. 94308
Elektromagnetische Schwingungen und Wellen (LK) .... Best.-Nr. 94309
Atom- und Quantenphysik (LK) .... Best.-Nr. 943010
Kernphysik (LK) .... Best.-Nr. 94305
Physik 1 (gk) .... Best.-Nr. 94321
Physik 2 (gk) .... Best.-Nr. 94322
Kompakt-Wissen Abitur Physik 1 Mechanik, Wärmelehre, Relativitätstheorie .... Best.-Nr. 943012
Kompakt-Wissen Abitur Physik 2 Elektrizität, Magnetismus und Wellenoptik .... Best.-Nr. 943013
Kompakt-Wissen Abitur Physik 3 Quanten, Kerne und Atome .... Best.-Nr. 943011

Chemie

Training Methoden Chemie .... Best.-Nr. 947308
Chemie 1 – Baden-Württemberg .... Best.-Nr. 84731
Chemie 2 – Baden-Württemberg .... Best.-Nr. 84732
Chemie 1 – Bayern LK K 12 .... Best.-Nr. 94731
Chemie 2 – Bayern LK K 13 .... Best.-Nr. 94732
Chemie 1 – Bayern gk K 12 .... Best.-Nr. 94741
Chemie 2 – Bayern gk K 13 .... Best.-Nr. 94742
Rechnen in der Chemie .... Best.-Nr. 84735
Abitur-Wissen Protonen und Elektronen .... Best.-Nr. 947301
Abitur-Wissen Struktur der Materie und Kernchemie .... Best.-Nr. 947303
Abitur-Wissen Stoffklassen organischer Verbindungen .... Best.-Nr. 947304
Abitur-Wissen Biomoleküle .... Best.-Nr. 947305
Abitur-Wissen Biokatalyse u. Stoffwechselwege .... Best.-Nr. 947306
Abitur-Wissen Chemie am Menschen – Chemie im Menschen .... Best.-Nr. 947307
Kompakt-Wissen Abitur Chemie Organische Stoffklassen Natur-, Kunst- und Farbstoffe .... Best.-Nr. 947309
Kompakt-Wissen Abitur Chemie Anorganische Chemie, Energetik, Kinetik, Kernchemie .... Best.-Nr. 947310

Biologie

Training Methoden Biologie .... Best.-Nr. 94710
Biologie 1 – Baden-Württemberg .... Best.-Nr. 84701
Biologie 2 – Baden-Württemberg .... Best.-Nr. 84702
Biologie 1 – Bayern LK K 12 .... Best.-Nr. 94701
Biologie 2 – Bayern LK K 13 .... Best.-Nr. 94702
Biologie 1 – Bayern gk K 12 .... Best.-Nr. 94715
Biologie 2 – Bayern gk K 13 .... Best.-Nr. 94716
Chemie für Biologen .... Best.-Nr. 54705
Abitur-Wissen Genetik .... Best.-Nr. 94703
Abitur-Wissen Neurobiologie .... Best.-Nr. 94705
Abitur-Wissen Verhaltensbiologie .... Best.-Nr. 94706
Abitur-Wissen Evolution .... Best.-Nr. 94707
Abitur-Wissen Ökologie .... Best.-Nr. 94708
Abitur-Wissen Zell- und Entwicklungsbiologie .... Best.-Nr. 94709
Kompakt-Wissen Biologie Zellbiologie · Genetik · Neuro- und Immunbiologie Evolution – Baden-Württemberg .... Best.-Nr. 84712
Kompakt-Wissen Abitur Biologie Zellen und Stoffwechsel Nerven, Sinne und Hormone · Ökologie .... Best.-Nr. 94712
Kompakt-Wissen Abitur Biologie Genetik und Entwicklung Immunbiologie · Evolution · Verhalten .... Best.-Nr. 94713
Lexikon Biologie .... Best.-Nr. 94711

Geschichte

Training Methoden Geschichte .... Best.-Nr. 94789
Geschichte 1 – Baden-Württemberg .... Best.-Nr. 84761
Geschichte 2 – Baden-Württemberg .... Best.-Nr. 84762
Geschichte 1 – Bayern .... Best.-Nr. 94781
Geschichte 2 – Bayern .... Best.-Nr. 94782
Geschichte 1 – NRW .... Best.-Nr. 54761
Geschichte 2 – NRW .... Best.-Nr. 54762
Geschichte 1 .... Best.-Nr. 84761A
Geschichte 2 .... Best.-Nr. 84762A
Abitur-Wissen Die Antike .... Best.-Nr. 94783
Abitur-Wissen Das Mittelalter .... Best.-Nr. 94788
Abitur-Wissen Die Französische Revolution .... Best.-Nr. 947810
Abitur-Wissen Die Ära Bismarck: Entstehung und Entwicklung des deutschen Nationalstaats .... Best.-Nr. 94784
Abitur-Wissen Imperialismus und Erster Weltkrieg .... Best.-Nr. 94785
Abitur-Wissen Die Weimarer Republik .... Best.-Nr. 47815
Abitur-Wissen Nationalsozialismus und Zweiter Weltkrieg .... Best.-Nr. 94786
Deutschland von 1945 bis zur Gegenwart .... Best.-Nr. 947811
Kompakt-Wissen Abitur Geschichte Oberstufe .... Best.-Nr. 947601
Lexikon Geschichte .... Best.-Nr. 94787

Wirtschaft/Recht

Betriebswirtschaft .... Best.-Nr. 94851
Abitur-Wissen Volkswirtschaft .... Best.-Nr. 94881
Abitur-Wissen Rechtslehre .... Best.-Nr. 94882
Kompakt-Wissen Abitur Volkswirtschaft .... Best.-Nr. 948501

(Bitte blättern Sie um)

Politik

Abitur-Wissen Internationale Beziehungen .... Best.-Nr. 94802
Abitur-Wissen Demokratie .... Best.-Nr. 94803
Abitur-Wissen Sozialpolitik .... Best.-Nr. 94804
Abitur-Wissen Die Europäische Einigung .... Best.-Nr. 94805
Abitur-Wissen Politische Theorie .... Best.-Nr. 94806
Kompakt-Wissen Abitur Politik/Sozialkunde .... Best.-Nr. 948001
Lexikon Politik/Sozialkunde .... Best.-Nr. 94801

Erdkunde

Training Methoden Erdkunde .... Best.-Nr. 94901
Geographie Atmosphäre · Küstenlandschaften in Europa
Wirtschaftsprozesse und -strukturen –
Baden-Württemberg .... Best.-Nr. 84902
Erdkunde Relief- und Hydrosphäre · Wirtschaftsprozesse
und -strukturen · Verstädterung .... Best.-Nr. 84901A
Abitur-Wissen GUS-Staaten/Russland .... Best.-Nr. 94908
Abitur-Wissen Entwicklungsländer .... Best.-Nr. 94902
Abitur-Wissen USA .... Best.-Nr. 94903
Abitur-Wissen Europa .... Best.-Nr. 94905
Abitur-Wissen Asiatisch-pazifischer Raum .... Best.-Nr. 94906
Kompakt-Wissen Abitur Erdkunde
Allgemeine Geografie · Regionale Geografie .... Best.-Nr. 949010
Lexikon Erdkunde .... Best.-Nr. 94904

Deutsch

Training Methoden Deutsch .... Best.-Nr. 944062
Dramen analysieren und interpretieren .... Best.-Nr. 944092
Erörtern und Sachtexte analysieren .... Best.-Nr. 944094
Gedichte analysieren und interpretieren .... Best.-Nr. 944091
Epische Texte analysieren und interpretieren .... Best.-Nr. 944093
Übertritt in die Oberstufe .... Best.-Nr. 90409
Abitur-Wissen
Erörtern und Sachtexte analysieren .... Best.-Nr. 944064
Abitur-Wissen Textinterpretation .... Best.-Nr. 944061
Abitur-Wissen Deutsche Literaturgeschichte .... Best.-Nr. 94405
Abitur-Wissen Prüfungswissen Oberstufe .... Best.-Nr. 94400
Kompakt-Wissen Rechtschreibung .... Best.-Nr. 944065
Lexikon Autoren und Werke .... Best.-Nr. 944081

Ethik

Ethische Positionen
in historischer Entwicklung (gk) .... Best.-Nr. 94951
Abitur-Wissen Philosophische Ethik .... Best.-Nr. 94952
Abitur-Wissen Glück und Sinnerfüllung .... Best.-Nr. 94953
Abitur-Wissen Freiheit und Determination .... Best.-Nr. 94954
Abitur-Wissen Recht und Gerechtigkeit .... Best.-Nr. 94955
Abitur-Wissen Religion und Weltanschauungen .... Best.-Nr. 94956
Abitur-Wissen
Wissenschaft – Technik – Verantwortung .... Best.-Nr. 94957
Abitur-Wissen Politische Ethik .... Best.-Nr. 94958
Lexikon Ethik und Religion .... Best.-Nr. 94959

Pädagogik / Psychologie

Grundwissen Pädagogik .... Best.-Nr. 92480
Grundwissen Psychologie .... Best.-Nr. 92481

Latein

Abitur-Wissen Lateinische Literaturgeschichte .... Best.-Nr. 94602
Wiederholung Grammatik .... Best.-Nr. 94601
Wortkunde .... Best.-Nr. 94603
Kompakt-Wissen Kurzgrammatik .... Best.-Nr. 906011

Französisch

Landeskunde Frankreich .... Best.-Nr. 94501
Themenwortschatz .... Best.-Nr. 94503
Literatur .... Best.-Nr. 94502
Abitur-Wissen Literaturgeschichte .... Best.-Nr. 94506
Kompakt-Wissen Abitur Themenwortschatz .... Best.-Nr. 945010
Kompakt-Wissen Kurzgrammatik .... Best.-Nr. 945011

Religion

Katholische Religion 1 (gk) .... Best.-Nr. 84991
Katholische Religion 2 (gk) .... Best.-Nr. 84992
Abitur-Wissen gk ev. Religion
Der Mensch zwischen Gott und Welt .... Best.-Nr. 94973
Abitur-Wissen gk ev. Religion
Die Verantwortung des Christen in der Welt .... Best.-Nr. 94974
Abitur-Wissen Glaube und Naturwissenschaft .... Best.-Nr. 94977
Abitur-Wissen Jesus Christus .... Best.-Nr. 94978
Abitur-Wissen Die Frage nach dem Menschen .... Best.-Nr. 94990
Abitur-Wissen Die Bibel .... Best.-Nr. 94992
Abitur-Wissen Christliche Ethik .... Best.-Nr. 94993
Lexikon Ethik und Religion .... Best.-Nr. 94959

Sport

Bewegungslehre .... Best.-Nr. 94981
Trainingslehre .... Best.-Nr. 94982

Kunst

Abitur-Wissen Kunst Grundwissen Malerei .... Best.-Nr. 94961
Abitur-Wissen Kunst Analyse und Interpretation .... Best.-Nr. 94962

Englisch

Übersetzungsübung .... Best.-Nr. 82454
Grammatikübung .... Best.-Nr. 82452
Themenwortschatz .... Best.-Nr. 82451
Grundlagen der Textarbeit .... Best.-Nr. 94464
Sprachmittlung .... Best.-Nr. 94469
Textaufgaben Literarische Texte und Sachtexte
Baden-Württemberg .... Best.-Nr. 84468
Textaufgaben Literarische Texte und Sachtexte .... Best.-Nr. 94468
Grundfertigkeiten des Schreibens .... Best.-Nr. 94466
Sprechfertigkeit mit CD .... Best.-Nr. 94467
Englisch – Übertritt in die Oberstufe .... Best.-Nr. 82453
Abitur-Wissen Landeskunde Großbritannien .... Best.-Nr. 94461
Abitur-Wissen Landeskunde USA .... Best.-Nr. 94463
Abitur-Wissen Literaturgeschichte .... Best.-Nr. 94465
Kompakt-Wissen Abitur Themenwortschatz .... Best.-Nr. 90462
Kompakt-Wissen Kurzgrammatik .... Best.-Nr. 90461
Kompakt-Wissen Abitur Landeskunde/Literatur .... Best.-Nr. 90463
Kompakt-Wissen Abitur
Landeskunde/Literatur – NRW .... Best.-Nr. 50463

Bestellungen bitte direkt an: STARK Verlagsgesellschaft mbH & Co. KG
Postfach 1852 · 85318 Freising · Tel: 08161 / 179-0 · FAX: 08161 / 179-51
Internet: www.stark-verlag.de · E-Mail: info@stark-verlag.de

STARK

17-V1T